大家さんと不動産業者のための

最強の定期借家入門

アパ・マン経営に関わるすべての人へ

—実践してわかった定期借家が最強な理由—

リーシングコンサルタント
沖野 元

賃貸UP－DATE
実行委員会　代表
林 浩一

プラチナ出版

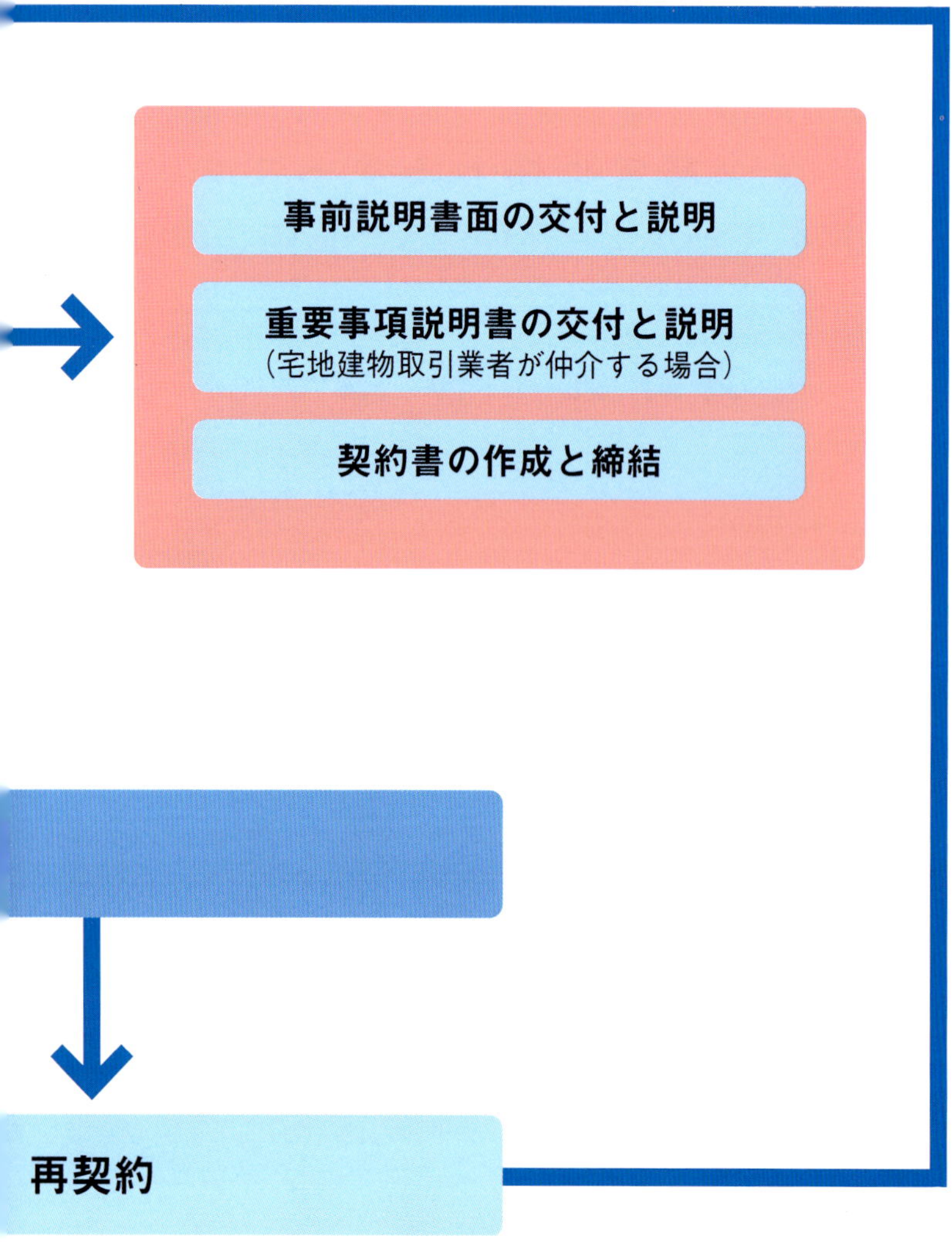
事前説明書面の交付と説明
重要事項説明書の交付と説明
（宅地建物取引業者が仲介する場合）
契約書の作成と締結
再契約

定期借家契約の流れ

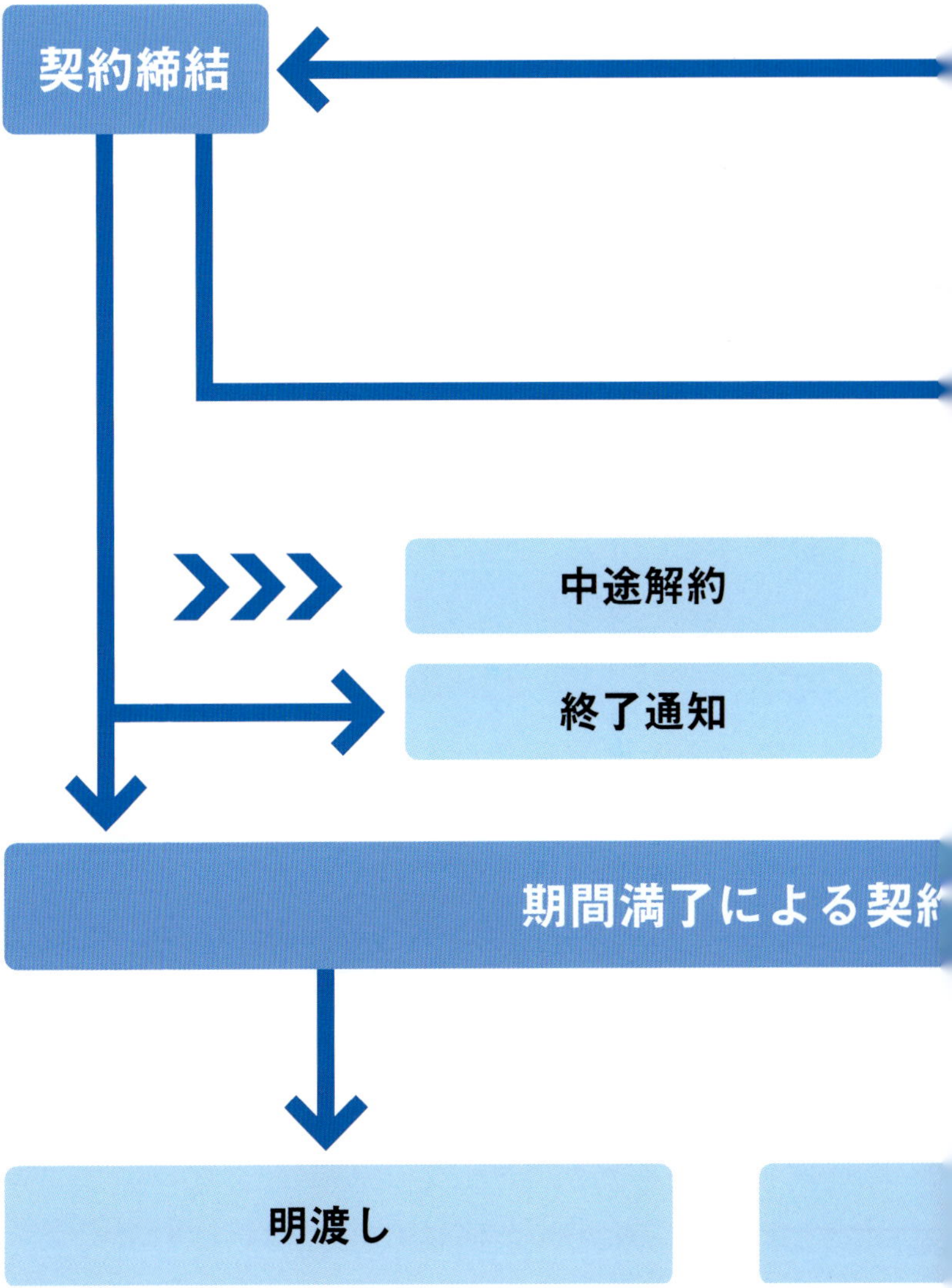

国内における
定期借家契約の位置付け

インバウンドの流れがあるのに
本当にこれでよいのだろうか？

国土交通省　平成28年度住宅市場動向調査をもとに筆者（沖野）作成

賃貸経営の
「新しい夜明け」は
ここから始まる！

改訂版を発刊するにあたって

本書は2015年8月に「賃貸の新しい夜明け」として出版した著書の改訂版です。前著はそれなりに売れて、そろそろ増刷の話をという段階で出版社が事業停止になりました。そして、いよいよ絶版になろうかという時にプラチナ出版さんで改訂版のお話が進み、この度タイトルや内容の一部を加筆修正して出版することができました。出版不況といわれるなか、増刷がかからなかった書籍の再出版は珍しいのではないかと思います。おそらく他に類書がないことや地道に売れていたこと、読者の評価が高かったこと、そして今後、空き家の再生等で定期借家契約の活用が期待されることなどで判断いただき、実現できたのではないかと思います。

再出版が叶ったことは著者としてなによりの喜びで、読者をはじめとして出版社の方や支えてきていただいた方々には感謝の思いでいっぱいです。

なによりもうれしかったのは、読んでいただいた方の評判が良かったことです

「これから定借導入を考えている大家さんにぴったりの入門書でした」

「なによりも不動産会社の人に読んでほしい」

「定期借家契約導入のバイブルですね」

などというれしい声をたくさんいただきました。


今回の改訂版では内容の一部を加筆修正したほか、タイトルも手に取る人にわかりやすいものに変更しました。ひとりでも多くの不動産関係者に本書を常にお手元に置いていただき、定期借家契約の導入に役立てていただければ、著者としてこれ以上の喜びはありません。

不動産に関わるすべての人の幸せを願って

2018年5月吉日

沖野　元

変化を恐れず、対応する努力をできた者だけが勝ち残れる！

かつて今ほど不動産賃貸市場が厳しい時代はなかったうえに、これからも移民を受け入れるなどして人口が急増しない限りは、この厳しさは増していくでしょう。そんななか、年金を始めとした将来不安や相続税の実質的増税により、皮肉なことに賃貸経営は投資や相続対策として注目を集めています。「隣の芝生は青く見える」といいますが、持っていない人には持っている人の苦労や苦しみがわからないのです。ただ「大家さんは、不労所得があって楽そうでいいなあ」というイメージしか持っていないのでしょう。サラリーマン大家さんは増え続けていますし、アパート建設が中心のハウスメーカーの業界では相当な盛り上がりだそうです。

ここで、あなたはおかしいと思いませんか。**人口が減っていてただでさえ厳しいという状況なのに、アパートばかり増えていったらどうなるというのでしょうか。**その結果は冒頭にも申し上げたように過当競争から賃貸経営はより厳しさを増すということになります。

私は今回なぜこの本を書いたのか。それは不動産賃貸にかかわる皆さんにぜひともお伝えしたいことがあったからです。長らく旧態依然としていたこの不動産業界にも、大きな波が来ています。人々のライフスタイルの変化による波が住まい方の変化にも及んできているのです。こうした時代の変化に不動産業者も大家さんもついていくしかありません。**変わっていくニーズを捉え、物件に反映させていかなければ、お客様の心は離れていってしまう**でしょう。変化を恐れず、対応する努力をできた者だけが勝ち残れるのです。

　その対応のひとつとして、これからの「物件あまり」で「借主優位」の時代に合った契約方法を行うことも重要です。それが今回この本を書く理由です。そうです。私はすべての大家さん、不動産業者、お客様に定期借家契約をお勧めするために本書を書くことにしたのです。この三者が良くなることを「三方良し」といいます。大家さんだけが良くなっても、お客様が良くならないとダメです。不動産業者だけが儲かっても、大家さんが儲からないとダメです。大家さんも不動産業者もお客様を満足させることを忘れては、生き残ることができません。お客様にも喜んでいただき、大家さんも安定した賃貸経営を続け、不動産業者もしっかりと収益をあげることが重要なのです。

　あたりまえのことですが、このようにお互いがお互いの利益を尊重することが不動産業界のような成熟した産業の健全な姿です。そのためにはさまざまなポイントがありますが、そのうちのひとつが定期借家契約を行うことなのです。

今年（平成27年）は定期借家制度ができてから15年になるにもかかわらず、とても普及しているとはいえない状況にあります。これはどうしてでしょうか。私は本来プロであるべき不動産業者の勉強不足や理解不足が大きいのではないかと思います。結果的に大家さんが損をしているのです。では大家さんは黙って普通借家契約をしていればよいのか、ということになります。セミナー等で定期借家契約のメリットを聞いた多くの大家さんが、定期借家契約を行おうとすると、不動産業者のさまざまな抵抗にあうといいます。具体的には次に挙げるような言葉を言われるとのことです。

「定期借家契約では、家賃を下げなければお客様がつきませんよ」
「定期借家契約はお客様に嫌われます」
「定期借家契約にするならウチではお取り扱いできません」

ある大家さんなどは、不動産業者を回っていて行く先々で断られるので「もううんざりした。こんな苦労をするのなら普通借家でいい」とおっしゃいました。しかし、根気よく定期借家契約を取り扱ってくれる業者を探して歩いた大家さんの中には、取扱いをしてくれる良い業者を見つけた方もいらっしゃいます。**だいたい定期借家契約を積極的に取り**

扱っている業者は先進的な考え方のトップが多く、営業力があり、家賃を下げなくても成約している例がいくつもあります。ただ一方で、不動産業者の皆さんの中には定期借家を取り扱ったところで自分たちの手間と責任が増えるだけで何のメリットもないと考えていらっしゃる方もいると思います。

私は普通借家契約のことを「ガラケー」と名付けました。世間で言うガラケーとは、ガラパゴス化した日本独自の携帯電話のことを指しますが、私のいう「ガラケー」とは、ガラパゴス化した普通賃貸借契約のことを指します。ケータイのガラケーのように進化はしていませんが……。とにかくガラケーは日本だけのものです。海外ではどこでも定期借家契約がグローバルスタンダードなのです。あなたはそれでもまだ「ガラケー」を続けますか。

本書は定期借家契約に興味を持つ大家さんのために、どのようにすれば取り入れることができるかという導入の入門書としてだけでなく、導入をためらっている不動産業者の皆さんにもそのメリットを見出していただきたいと願って書いたものです。

今回は共著という形を取りました。私が単独で書くよりも定期借家契約を実際に行っている大家さんである林浩一さんと一緒に書いたほうが、本の内容の幅が広がるのではないかと思ったのです。林さんは私の初期の不動産実務検定講座の受講生でした。当時からテキストに独自のカバーをされたり、何度も再受講をされたりと面白い方でした。現在の林さんは日本を代表する大家さんとして有名になり、講演やセミナー講師としても八面六臂の活躍をされています。林さんほど共著の相手としてふさわしい人はいないという思いからお願いしました。

本書を今までにない、わかりやすい定期借家契約の入門書として多くの方に、そして長く読み継がれるものにしたいと思います。

不動産に関わるすべての人の幸せを願って

平成27年7月吉日

沖野　元

目次

第3章 定期借家契約のさまざまなメリット　沖野 元

第4章 大家さんのための定期借家契約の始め方　沖野 元

第5章

不動産業者のための定期借家契約導入のヒント　沖野 元

第6章

大家業はすてきな物語でできている!!　林 浩一

第7章

その他の活用事例　沖野 元

第8章

本音で語る定借座談会

――定期借家契約を採用している中堅管理会社と

装丁・DTP　二ノ宮匡
イラスト　川田あきひこ

監修にあたって

書式集

※本文中に不動産業者とあるのは、宅地建物取引業者のことになります。ここでは、読む人にわかりやすくするために、あえて不動産業者としています。あらかじめご了承ください。

第1章

Wilshire five seasons（ウィルシャー・ファイブ・シーズンズ）誕生物語

林浩一

01

グローバルスタンダード

横浜市の青葉区、最寄駅から徒歩40分、バスで15分の住宅街の一角に長年、駐車場として使われてきた父親名義の土地がありました。

その土地を、父から自由に私の考えで有効な土地活用をしてくれと頼まれ、賃貸アパートを建てる計画が平成22年にスタートしました。

バス便立地ではありますが、周辺には緑も多く小学校・中学校も近いこともあり、ファミリーが子育てするには、ぴったりな環境がそこにありました。もちろん競合物件が供給過多な地域でもありますが、もう自分の中の物語が、どんどんと頭の中に湧き出てきて止まりませんでした。

対象は20代から40歳くらいの新婚さんや小さなお子さんをお持ちのファミリー。

アパートの外観は、私が学生時代にロサンゼルスの大学に留学していたときに住んでいた学生寮をイメージした洋館。経年とともに成長して、住んでいる人に季節感を楽しんでもらえる植栽。**ヴィジョンは年の経過とともに、どんどん魅力を増していく経年魅化・快適な住環境を提供すること。**シンボルツリーには5メートルのオリーブの木を植えました。

オリーブの木はよく『平和と幸福のシンボル』と呼ばれています。旧約聖書では、ノアの箱舟で神が起こした大洪水の後、ノアが外の様子を知るために箱舟から放った鳩がオリーブの枝をくわえて戻ってきたことで、外では洪水が引き平和が戻ってきたことを知ったとあります。オリーブの枝は平和と幸せの象徴とされていることから、アパートのシンボルツリーに決めました。

ちょうど竣工したのが、平成23年の東日本大震災が起きた年でした。3月11日は、翌週に新築お披露目内覧会を控えていた日でした。知人の植木職人と一緒にアパートに植栽をしている最中に地震が起きました。横浜でもかなり大きな揺れが続き、住宅街に立ち並ぶ電柱も波打つようにかなり揺れていました。電柱とアパートをつなぐ電線が、揺れに合わせて引きちぎられそうになっていたほどです。内覧会前に竣工したばかりのアパートが倒壊するんじゃないかと、気が気じゃなかったのを憶えています。幸いなことにその後の検査でこの2×4の木造アパートは、外壁や基礎などの亀裂もなく被害を逃れました。

シンボルツリー・オリーブの木

このアパートには『Wilshire five seasons』（ウィルシャーファイブシーズンズ）という名をつけました。Wilshireは学生時代過ごした学生寮があったアメリカ・ロサンゼルスの大通り名Wilshire Boulevardからとりました。five seasonsは、入居者さんがそこで季節を感じて暮らしてほしいという思いからです。そこに入居者さんが過ごすなかで感じた自分たちの思い出の一季（四季＋一季）を加えて欲しいとの願いからfive seasons（五季）とつけました。

私自身、海外で生活した時期もありアメリカ・シンガポール・タイ・フィリピンなどで賃貸物件を借りるにあたり、定期借家契約（この呼名にも問題がありますが）

Wilshire five seasons 完成イメージ図

は、あたりまえのグローバルスタンダードな契約形態であり、導入に抵抗感もありませんでした。

　海外においては、日本でいうところの定期借家契約が普通の契約であり、賃貸住宅において期間の決まった契約 Fixed-term Rental Housing Contract. が、スタンダードな契約形態です。

　国によって多少の違いはありますが、日本の普通借家契約のような、期間が満了しても契約は終了しないというおかしな法定更新制度や正当事由制度などはありません。

　アメリカでは連邦法ではなく各州法の管轄になっています。州によって借家制度が異なるようですが、定期借家制度が定着していて期間は1年が多いようです。契約したルールをきちんと守り、家賃滞納などもなければ再契約することができ、居住を継続することができるのが一般的です。

私が一番に定期借家契約を導入したかった理由は、この地域に住む多くの知人大家さんが不良入居者問題（騒音問題や家賃滞納問題など）に悩まされていたからです。

ある大家さんは、普通借家で契約を結んでいる入居者の騒音問題に悩まされていて、注意してもいっこうに改善されず隣の部屋に住む善良な入居者さんが引っ越ししていってしまうという悲しい結果になりました。

結局は、この大家さんは騒音問題を起こした不良入居者には不条理な立退き料として、家賃6ヶ月分と引越し代まで払って出て行ってもらったそうです。

これを聞いて、これからの時代は快適な住環境や善良な入居者さんを守るためにも定期借家契約は必須な契約形態だと確信し、導入することに決めました。

戦時中や戦後の住宅難の時代と違い、供給過多な時代において多くの定期借家を推進する方々がおっしゃっているように、普通借家の役割はすでに終わったと私も考えています。

大家さんにとって一番の不幸は、問題を起こす不良入居者のために、普通に暮らしている優良な入居者さんが引っ越ししてしまうことです。

Column

白い壁のお部屋はキャンバス

白いCanvasに絵を描くように、白い壁紙のお部屋に自分の好きな色の家具や小物などを置くと、自分好みのお部屋が演出できます。わざわざ壁にコストをかけ他の色に塗ったり、おしゃれな壁紙に替えたりする必要はありません。

「白いお部屋を自由に自分好みに描けるCanvasと考えるとね!!」

住まいの壁の色は、お部屋のなかで占める割合が大きく、印象を左右します。日本の白いビニールクロスは好きではありませんが、特別なこだわりがなければ白いお部屋も良いものです。インテリアをコーディネートする場合、家具やエレメンツ、ウインドウトリートメントの色などで、お部屋をターゲットに合わせてステージングしやすいからです。

白いお部屋は海外と比較すると日本は割と多いといわれていますが、日本人の目は黒っぽい茶系だから欧米人（目の色素が薄い）と比較すると、眩しさを感じにくいのです。瞳の色が濃いと光を通しにくい＝眩しさを感じにくい、それに対して瞳の色が薄いと光を通しやすい＝眩しさを感じやすいのです。こんなことも影響しているのかもしれません。日当たりの良いお部屋では、眩しく感じられることがあります。

白は光の反射率が約80％です。人が心地良く感じる反射率は約60％程度だそうです。古代から日本人にとって白は純真無垢で潔白を表し、神事に関係ある神聖で特別な色でした。

よく壁紙業者や塗装業者などが、「賃貸住宅の白い部屋は日本だけ」とか言って、リフォーム時に壁紙をおしゃれなものにしたり、違う色に塗り替えましょうなどと提案してきます。

私はアメリカに留学経験や海外旅行関連の仕事で、多くの国を訪れたり、住んだこともあります。

海外の賃貸住宅でも白い壁のお部屋は多いです。日本みたいにビニールクロスではないですが。

もちろん、おしゃれな壁紙にかえたり、ペイントで好きな色に塗り替えたりするのも素敵ですが、コストをかけずに、白い壁紙のままでもステージングによってお部屋の魅力を引き出すこともできるのです。

02

そもそも不動産屋さんの家賃査定って？

私のヴィジョンを理解してくれて協力してくれるハウスメーカー・工務店探しに数ヶ月の時間を費やしたのですが（5社と交渉）、予算も含め希望に近いアパートを建ててくれるハウスメーカーは1社だけでした。実際には予算的に多くの妥協点はありました。

さて次は、いよいよ定期借家で管理を受けてくれる管理会社探しです。

まずは、最寄駅にあり、この周辺の物件を数多く管理している地場では有名な管理会社さんに物件資料を持って管理と家賃査定のお願いに行きました。新築物件ということもあり男性店長と営業主任が笑顔で対応してくれました。

私が渡した物件資料を見ながら～

店長「バス便立地ではありますが、素敵な新築物件になりそうですね。間取りもファミリーにはぴったりで設備も素晴らしい。弊社はこの地域では一番管理物件数も多く、客付けに関しても他社に負けません。法人の問い合わせも多いので、ぜひうちで管理させてください。家賃査定もすぐに出します」

林「私の希望としては、入居者さんのことを一番に考え快適な住環境を提供したいとの思いから、すべて定期借家契約で募集したいと考えています」

こう私が言った瞬間に、今まで笑顔で対応していた店長さんの顔が一瞬で険しい表情に変わりました。

店長「定期借家契約ですか？　定期借家契約は、一時的に自宅を貸したりするときに使うもので、一般の賃貸物件には使いませんよ。家賃もかなり低めに設定しないとぜったいにムリです。お客様にも敬遠されますよ」

林「再契約の条件をきちんと明記して、それが守られれば再契約できる再契約型の定期借家契約なら問題ないんじゃないでしょうか？」

店長「まずムリですね。法人に関しては、まず100％定期借家契約は受けてくれません。競合物件も多いことですし普通借家契約で募集しましょう。普通借家契約で募集する家賃査定を出させていただきます」

地場の多くの管理物件を扱う管理会社のプロにそう言われると、自分の考えが甘かったのか、間違っていたのかとかなり落ち込みました。

店長さんとは、とりあえず普通借家契約で募集したときの家賃査定を出してもらうことにしました。

数日後、出された募集家賃査定は、目を疑うような低い金額が並んでいました。

店長「同じような周辺物件の家賃等を考慮して新築ということもあり、このあたりが妥当かと。仮に定期借家契約で募集する場合は、ここからさらに5000円以上は下げないとムリですよ」

確かに周辺物件の資料などを示し説明してくれているのですが、私がシロウトながらも利回りなどから逆算して出した希望家賃から1万円以上もの差があったのです。それも普通借家契約で募集した場合の家賃査定だったので、ここでもかなりショックを受け落ち込みました。

どうしても納得がいかず、他の主要な管理物件数の多い管理会社を何社もまわってみましたが、どこも定期借家契約での入居者募集には否定的で家賃査定もほとんど同じでした。

ここまでくるともう夜も眠れないほど不安で、夜な夜なインターネットで定期借家契約を扱いきちんと管理してくれそうな管理会社を必死で探し続けました。

そこで見つけたのが、今も管理をお願いしている株式会社ストーンズさんです。私の物件のある最寄駅からは10駅離れた川崎市高津区にあり、少し遠いこともあって不安でもありましたが、何度も訪問し多くの質疑応答をしているうちに、一度任せてみようという気持ちになり契約することにしました。

決めた理由として、この会社は2000年3月1日に『良質な賃貸住宅等の供給促進に関する特別措置法（定期借家制度）』が施行されてすぐに定期借家契約を導入して、一部の法人などや施行前の契約などを除いて、新規契約に関してはすべて定期借家契約で管理していたことです。

また、長年の定期借家契約での実務経験が豊富で業務システムを確立していたことと、私の希望する募集家賃を受けてくれたことが決め手となりました。

さあ次は、入居者募集の営業活動です。管理会社が入居者募集に活用しているのが、大手ポータルサイトです。新築といえどもバス便立地では徒歩圏（20分以内を徒歩圏としているポータルサイトが多い）から外れてしまい、また、なかには建物の種別（マンションやアパートなど）の他に構造という項目があり、鉄筋系・鉄骨系・木造・ブロックその他となっています。新築木造アパートは、ここでもどんなに設備などがよくても、検索され難い物件となってしまうのです。

そこで、地元仲介会社さんに自分の物件を知ってもらうために、管理会社さんには、私が自由に営業活動させてくださいとお願いし承諾を得ました。

実際に管理会社さんと自分自身で作成したマイソクや資料を持って営業活動をしてみると、予想以上に多くの仲介業者さんも定期借家契約に否定的で消極的なことがわかりました。

先にお話しした、一番初めに査定をしていただき定期借家契約での募集は無理と管理を断られた管理会社の店長さんからある日、携帯に電話がありました。

店長「林さん、○○不動産の○○です。あれからどうですか？　心配していたのですが定期借家契約で管理を引き受けてくれるところは見つかりましたか？」

林「お気遣いいただきありがとうございます。おかげ様で見つかりました」

店長「よかったですね。新築物件でもありますし、ぜひうちにも客付けさせてください。マイソクなどお持ちいただければ、すぐにでも宣伝してお客様がいたらご紹介します」

林「ありがとうございます。これからすぐに資料を持っておじゃまさせていただきます」

私は電話を切った後、以前に査定もしていただいたこともあり、募集マイソクと菓子折りを持って店長さんに会いにすぐに飛んで行きました。

林「その節は、ありがとうございました。募集マイソクができたのでお持ちしました。お客様をご紹介いただけると幸いです」

店長「こちらこそ、ぜひ宣伝させてください。それと内見できるようなら写真も撮らせてください。お客様がいたらすぐにご紹介します」

林「いつでも内見してください。写真も自由に撮って宣伝していただけたら、うれしいです」

そういって持ってきたマイソクを店長さんに手渡すと、じっと募集家賃を見つめながら、

店長「このマイソクの募集家賃は、定期借家契約での家賃金額ですか？」
林「はい。再契約できる再契約型定期借家契約です」

この会話を最後に、この店長さんからの電話もなくなり、内見や写真撮影の話もどこかへ飛んで行ってしまいました。

店長さん自らが出した普通借家契約での募集家賃の査定からみたら、かけ離れた定期借家契約での家賃設定だったので、客付けはムリだと判断したからでしょう。

その後、最寄駅周辺や沿線沿いにある仲介業者さん150社以上に訪問営業してみました。そして、次のような意見をいただきました。

①あれ？　これ新築なのに定期借家契約なの？　どうして？
②定期借家契約だとこの家賃設定での客付けはムリ
③ウチは法人のお客様が多いから定期借家契約は扱ってない
④お客様が定期借家契約だと嫌がるからやめたほうがいい
⑤定期借家契約は自宅などを一定期間貸すための契約

契約フロー・イメージ

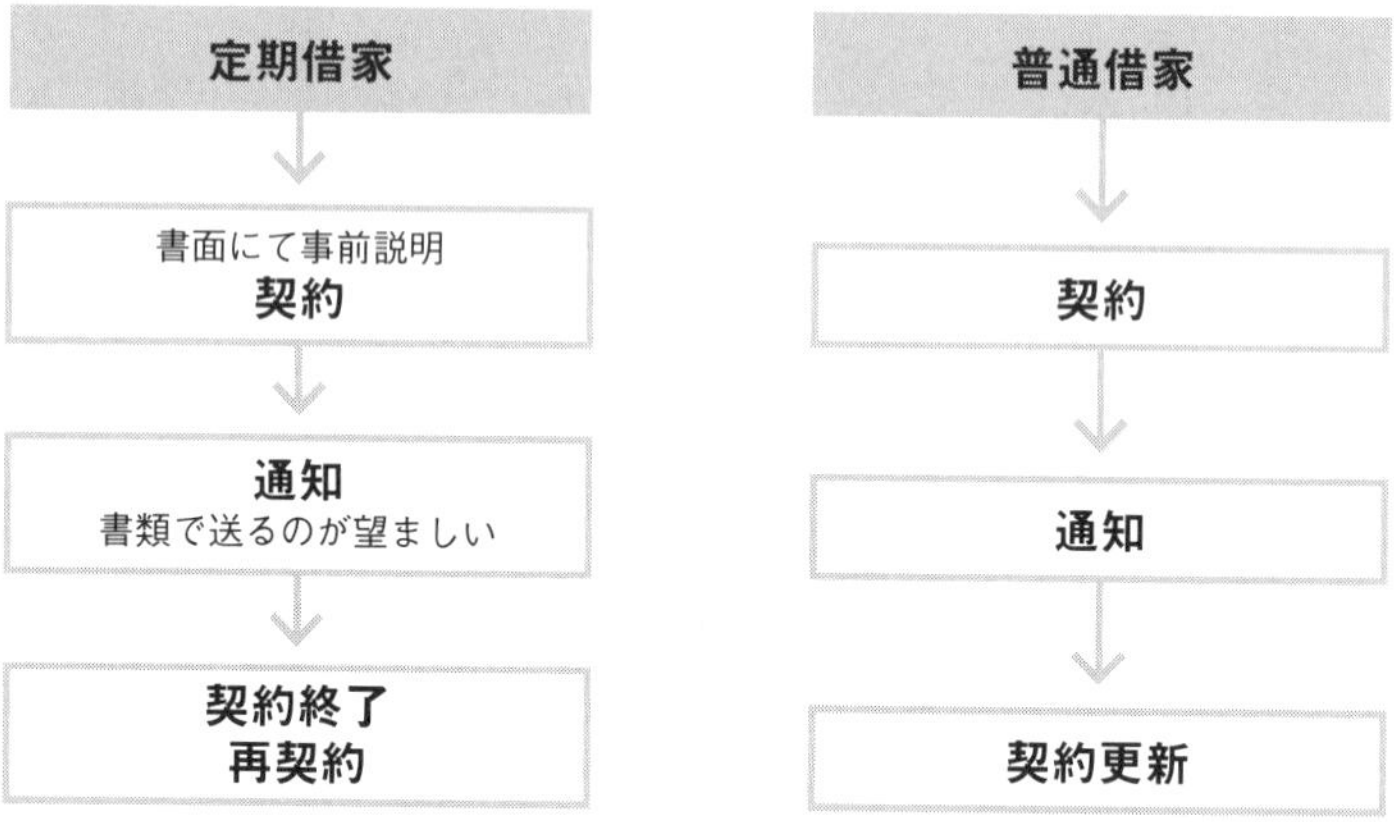

予想はしていましたが、まだまだこの地域は定期借家契約に難色を示す業者さんが多いことを知りました。

それでもなかには協力してくれる理解のある仲介業者さんもいるもので、お客様を内見に案内していただいたりしました。私自らもYouTubeやFacebookなどでお客様を探し、内見に立ち会い、定期借家契約についても直接説明をさせていただいています。そしてお客様にご理解いただき、管理会社を通して皆さん問題なく契約いただいてお住まいになっています。

定期借家契約だからといって入居者さんから敬遠されたりということはなく、大手法人契約も数社ありますが、問題なく契約・再契約しています。

その結果からわかったことは、不動産屋さんの多くが定期借家契約が2000年3月1日に施行されてかなりの年月が経っているにもかかわらず、取扱いも少ないためよく理解しておらず、マイナスのイメージばかりが先行している状況だということです。

管理会社さんの中には、業務が煩雑になるという理由から導入したくてもなかなか定期借家契約を逆に導入できないという会社さんも多くいらっしゃいます。

普通借家契約であっても、契約更新の通知は何かしらしているのが通例ですし、逆に定期借家契約に関しては1年未満の契約は通知の必要がないとされています。

現に定期借家を導入している管理会社さんは、いったん業務的な流れをつくってしまえば、煩雑な作業ではないと言っています。

どの業界でもいえることですが、一般的に人は慣れ親しんだことが新しい方法に変わるということに抵抗を感じるものです。ましてや慣れ親しんだ『普通借家契約』と新たな『定期借家契約』の2つの契約形態があるのですから、借手市場の現在、定期借家契約の導入を控えようという思いもあるのでしょう。

新しい方法は、既存のぬるま湯につかった業界を壊し、新しい業界に生まれ変わらせます。現状を守ろうと抵抗したり、新しいことに対応できない不動産屋さんや大家さんは今

Wilshire five seasons 駐車場

後、加速度的に淘汰されていくと思います。

最近はシェアハウスなどでは、定期借家契約が当たりまえになってきていますし、空き家問題では一番心配だった『一度貸したら、いつ返ってくるかわからない』という持ち主の一番の心配ごとが解決できます。

今後は不動産屋さんにとっても大家さんにとっても、定期借家契約は必要不可欠な契約形態になっていくことでしょう。

不動産屋さんの中には、定期借家契約の必要性をあまり感じない、大家が得をするだけの契約形態だという方がいます。その前に不動産業界は、いままで長年にわたり続いてきた普通借家契約の不条理な契約形態をもう一度よく吟味すべきです。

実際に地元の管理会社さんが出した家賃査定（普通借家契約）と実際に定期借家契約で募集＆成約した家賃との比較表をご覧ください。

これだけの違いがあるのにびっくりですが、そもそも不動産屋さんの家賃査定ってなんなのって疑問がわきませんか？　その不動産屋さんが決めやすい家賃の査定金額でしかないと思えますし、最近の家賃相場を作ってきたのは、借りる側の年収の下落も影響していますが、不動産屋さんの都合も大きく影響していると思います。

おもしろいのは、この翌年からこの周辺の新築ファミリー物件の家賃相場がかなり上がったことです。私の木造アパートがバス便立地にもかかわらず、この家賃で満室になっているのを知って大手ハウスメーカーが、まったく同じ募集家賃に合わせてきたのです。

地元不動産屋さん曰く

「Wilshire five seasons の成約家賃が大きく家賃相場に影響を与えた‼」

地元管理会社数社が出してきた普通借家契約での家賃査定賃料と実際に定期借家契約で成約した賃料

（成約には大手法人3社含む）

地元管理会社査定賃料	101号室／92,000円	102号室／90,000円	103号室／92,000円
地元管理会社査定賃料	201号室／97,000円	202号室／94,000円	203号室／97,000円
実際の成約賃料・定借	**101号室／103,000円**	**102号室／102,000円**	**103号室／103,000円**
実際の成約賃料・定借	**201号室／107,000円**	**202号室／106,000円**	**203号室／107,000円**

（2階建2×4（ツーバイフォー）木造・2LDK全6戸・全戸約60㎡～最寄駅から徒歩約40分・バス利用の場合約15分）

管理費査定額／3,000円

⇒実際の管理費**3,000円（同額）**

駐車場査定額／8,000円

⇒実際の駐車場代**10,000円（2,000円UP）**

03

現状を変えるには大家さんも行動することが大切!!

こんな専業大家の私でも、ここ数年多くの講演・セミナー依頼をいただくようになりました。講演内容は、空室対策・定期借家契約・大家業の幸せな瞬間・大家業にとって大切なもの・幸せなファミリー物件のレシピなどさまざまですが、そのなかで共通して伝えていることは、定期借家契約の必要性です。

私のまわりには、定期借家契約を導入したい大家さんが大勢います。大家さんが契約している管理会社さんに「普通借家契約から定期借家契約に切り替えたい」と相談してもほとんどの方が断られています。反対に管理会社さん側から大家さんに「定期借家契約に切り替えましょう」などという提案は、私の知る限り数人しかいません。

ある大家さんは、今後の定期借家契約の必要性を強く感じ、管理を委託している管理会社さんに、新規の契約から定期借家契約を導入したい旨を伝えたところ、いろいろな理由をつけられて断られました。それでも何回かの交渉でやっと導入してもらえることになり、新規の入居者さんと2年間の再契約型定期借家契約を結ぶこととなりました。2年が経って再契約の時期が近づいたころ、管理会社さんからこの入居者さんは契約期間中の2年間、特に問題も起こさなかったので「普通借家契約で契約を結びなおしましょう」と言われ、もうこの管理会社には任せられないと定期借家契約書のひな形を取り寄せて自主管理に切り替えました。

大家さんも行動が大切です。今まで定期借家契約に消極的でなかなかお客様を紹介してくれなかった大手の仲介業者さんがいました。ふだんは、ほとんど定期借家契約の自社管理物件もないので、実務に不慣れで定期借家契約の説明も面倒な様子でした。

私の物件が満室の時期も、「もし空室が出た際にはぜひお客様を紹介ください」と何度も時間があるときは営業に通い、そのつど「いまお住まいの入居者さんは定期借家契約でも嫌がることもまったくなく、普通にお住まいになっていれば皆さん再契約しています。安心してご紹介ください。他の物件を見た後に数分でもいいので寄ってみてください」とお願いをしていました。

そんなことが2年も続いたある日、空室が出たのでこの仲介業者さんを訪問し募集マイソクを置いてきました。今回ももちろん定期借家契約での募集物件です。さほど今回も期待はしていませんでしたが、数日後、営業マンから私の携帯に電話があり「ぜひご紹介したいお客様がいらっしゃるので、これから内見をさせてください」と。「やっときたか～」というれしい内見依頼でした。内見には私も立ち会い、定期借家契約の説明も仲介業者さんのフォローをしながら進めました。内見が終わりに近づいたころ営業マンが、お客様と少し離れた場所で、心配そうな顔で私に耳打ちしてきました。

営業マン「お客様、かなり気にいってるようです。本当に定期借家契約でも問題のない場合は、再契約は大丈夫なんですよね？」

林「もちろんです。契約書にもそう記してますし、問題のない普通の入居者さんは再契約できます。安心してください」

そう答えると、やっと営業マンに笑顔が戻りました。

この仲介業者さんにお客様を紹介いただくまでに2年間という歳月がかかりましたが、**大家側のささいな啓蒙活動も定期借家契約の普及には大切**じゃないかと思います。

最近では、実際に多くの仲介業者さんが定期借家契約の物件でもお客様を紹介してくれるようになりました。

（再契約型）定期借家契約のイメージ

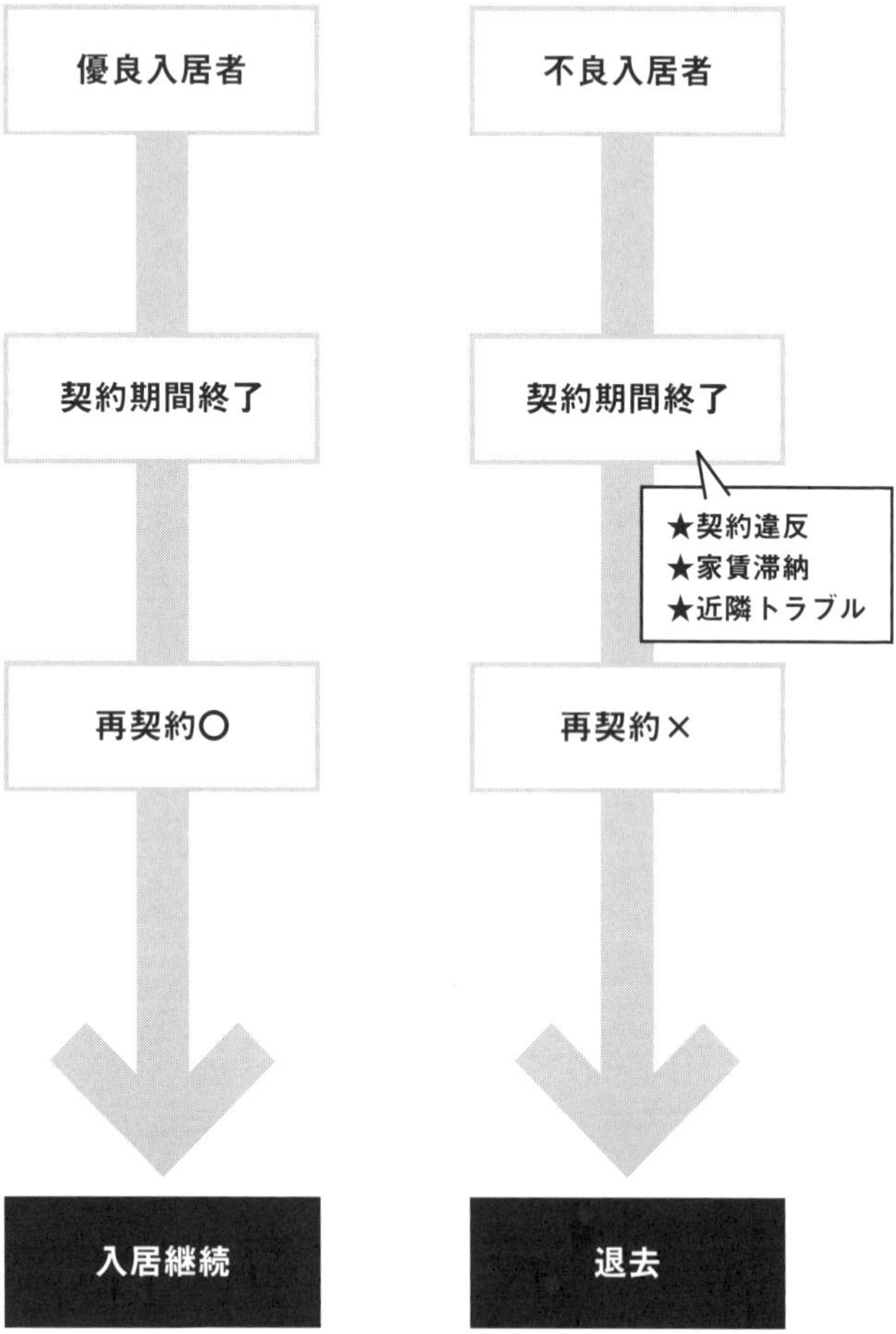

Column

大家業を素晴らしい仕事だと胸をはって言えるよう

よくセミナー会場でお会いする不動産業者さんや大家さんから『林さんは、なぜ定期借家でやってるの？　普通借家で、これといった大きな問題が今までなかったから定期借家の必要性をあまり感じないんだよね』と言われることがあります。

私も普通借家で大きな問題が起きたから定期借家に切りかえたわけではないのです。では、私はなぜ定期借家を導入しているのか!?

住環境を守るため？　不良入居者を排除するため？

一般的によくいわれている理由はいろいろあるけれど、そういうことじゃないいんだ!!　一番の理由は大家業が、素晴らしい仕事であるからです。日本の普通借家契約が、不平等な契約であるにもかかわらず、多くの不動産業者さんや大家さんは何も声をあげないし、行動しようともしない。戦中戦後、住宅難な時代はとっくの昔に終わり、普通借家の役目は、すでに終わったと私は思っています。

大家業は素晴らしい仕事だと誰もが胸をはって言えるように、日本の賃貸借契約を、せめて貸主と借主双方にとって平等なものにしていきたいと思うのです。大家さんの意識改革と地位向上、大家業が素晴らしい仕事だから、私は定期借家を導入したのです。

04

今でも忘れられない姉妹大家さんの涙

私が所属している大家さんの団体「全国大家ネットワーク」（理念：賃貸住宅市場のより幸せなあり方を追求し、その想いを世の中に広めること）が、「賃貸住宅フェア2013 in東京」のブースに出展したことがありました。

目的は、ふだんネットでつながっている大家さんはもちろんですが、いわゆる全国からやってくる『アナログ大家さん』ともつながりたい!! そんな思いからブース内では『大家さんのキモチ』と称して、ふだん大家さんが不動産屋さん・入居者さん・行政・ハウスメーカー等に対して思っていること、伝えたいことを『キモチシート』に記入していただき、ブース内の壁に貼りだしました。さらに、他の大家さんにも自由に読んでいただき、賛同する『キモチシート』に『いいね!シール』を貼ってもらうという『アナログ版Facebook いいね!』も企画しました。

2日間で50枚以上の『キモチシート』を書いていただき、400以上の『いいね!』を

多くの大家さんで賑わうブース

いただきました。

『キモチシート』の中で一番多くの『いいね！シール』を集め賛同をいただいた『大家さんのキモチ』は、『定期借家契約の普及』でした。

多くの大家さんが実際に定期借家契約に大いに関心があり、普及を願っていることをあらためてこのことから知ったのです。予想外の回答にスタッフ皆んなが驚きました。

そんななか、おそらく60代であろう2人の女性が私たちスタッフに話しかけてきました。

聞くところによると、2人は姉妹で父親から数年前に空室だらけのアパートを相続して、大家業を勉強し始め、自主管理なが

キモチシートに書く大家さん

らも、満室にしたそうです。ところがその後、彼女らにとって想像もしていなかった大きな問題に遭遇してしまったのです。

ある日1人の男性入居者の家賃滞納が始まったそうです。2ヶ月3ヶ月と滞納が続き、家賃の請求にいくと、「少しの間待ってほしい」と少額だけ払うようなことが続いたそうです。

その後もいっこうに改善されないことから、姉妹はこの入居者に「出て行ってほしい」と伝えたところ、今までの丁重だった態度とは打って変わって、横柄な態度で引越し代と立退き料を要求してきたそうです。結局のところ弁護士に相談しましたが、引越し代と立退き料を支払って出て行ってもらったそうです。後でわかったのですが、その男は元不動産業経験者で確信犯的な常習家賃遅滞者だったそうです。

話が終わるころには、2人の姉妹の目からは涙があふれていました。

「日本の賃貸借契約は、どうしてこんなに不条理なんでしょう？　今日このブースで初めて定期借家という契約があるのを知りました。せっかく父から相続したアパートですが、精神的に疲れました。今は少しの間、アパート経営から離れるつもりです。今日はこんな愚痴を聞いていただいてありがとうございました。人に話せて少しは気が楽になりました」

そう言うと、2人の姉妹はハンカチで涙をぬぐいながら、人混みの中に消えて行きました。

いま2人には笑顔が戻って大家業を続けているのでしょうか？　定期借家契約の話題が出るたびにこの姉妹の涙と悲しそうな後ろ姿が思い出されます。

最近では、礼金0敷金0やフリーレント数ヶ月の物件があたりまえのように増えてきました。入居時の初期費用を軽減したり、お部屋を借りれば家賃を払うのは当たり前なのに、数ヶ月家賃を無料にして何とか入居者を確保したいと大家さんも必死です（また多くの管理会社さんも大家さんにそう提案してきます）。それが確信犯的で悪質な入居者を呼び込む原因の1つになっているのではないでしょうか⁉

Column

行動することの大切さ!!

いつも私が自分のセミナーの中で話す2つの物語があります。

1つはレディ・ガガで一躍有名になった踵《かかと》のない靴の物語です。芸大の卒業制作で日本人のある青年が、舞妓さんのぽっくり下駄をヒントに踵のない靴を制作します。これは、学校側にもまわりにもまったく評価されませんでした。それでも彼はあきらめずに、世界各国のファッション関係者などに直接メールなどでアプローチし続けました。そんなある日、1通の返信が届いたのです。それがレディ・ガガからの発注依頼でした。

そこから彼は、世界の有名なアーティストの仲間入りを果たしたのです。彼は後に、こんなことを言っています。

「この世界に入ってわかったことは、どんなに有名なアーティストでも、自らの作品を絶えずアピールし行動し続けている」

もう1つは、被災地岩手県釜石市のある女子中学生の行動が1つの奇跡を起こした物語です。彼女は、SHIBUYA109を運営している会社社長に直接手紙を書き、SHIBUYA109を釜石市に呼ぶプロジェクトをスタートさせたのです。夏の数日間でしたが、SHIBUYA109が釜石市にやってきて、人気ショップの出店や人気モデルと地元中高生も参加したファッションショーを開催したり、彼女らがデザインしたものを人気ブランドが共同制作し、服やオリジナルバッグなどを販売しました。売り上げの一部は義援金として寄付されたそうです。メディアなどで取り上げられたこともあり、記憶にある方もいるんじゃないでしょうか？　1人の女子中学生の思いが、クラスメイト・大企業・地元の釜石市をも動かしました。強い思いは人を動かし、何かを成し遂げられるということを、女子中学生が教えてくれたのです。震災で元気をなくした故郷・釜石市に若者が中心となって多くの人を集め、皆が失った笑顔を取り戻してほしいという彼女の思いが実現したイベントでした。

ひとりひとりが行動することで何かが変わることを教えてくれた2つの実際の物語です。これらは定期借家の普及にもいえることだと思いませんか？

05 入居者さんとの対談で見えてきたもの!!

私の経営するアパートにお住まいの入居者さんに、いろいろ率直な意見を聞いてみました。

ここで、ご紹介する入居者さんは5年前に福岡から転勤で引っ越してこられた素敵なファミリーです。

林「今回、4年間の定期借家契約が終わりましたが、再契約していただきありがとうございました」

入居者さん「こちらこそ、また再契約でき、このWilshireに住めるのがうれしいです」

林「引っ越して来られたころにも一度お聞きしたと思いますが、Wilshireはどうやって見つけてくれたのですか?」

入居者さん「初めは、大手のポータルサイトで検索していました。田園都市線沿線で急行が停まる駅がいいかなと思い何駅かピックアップして、駅近の2LDKあたりのファミリー物件を探していました」

林「大手のポータルサイトでWilshireは

出てきました？」

入居者さん「駅近の徒歩圏内で検索していたので、まったく検索されませんでした。職場が東京都内なこともあり、駅からさらに通勤に不便なバス便立地は、まったくあのころは考えていませんでした。ポータルサイトでチェックした多くの物件を仲介業者さんに案内してもらったのですが、なかなか気に入ったお部屋がありませんでした」

林「Wilshireは、どうやって見つけて内見にきてくれたのですか？」

入居者さん「ある仲介業者さんに希望する物件の条件を伝えたところ、バス便立地ですがお客様にぜひ紹介したい素敵なアパートがありますが、内見されますか？　って言われたのです」

林「仲介業者さんは、その他にどんなこと言ってました？」

入居者さん「仲介業者さんは、大家さんも素敵な方で（笑）、お子さんを育てるには環境もバッグンですよって言ってましたよ。それで、内見してみることにしました」

林「実際に内見されてみてどうでした？」

入居者さん「仲介業者さんの車で案内されたのですが、けっこう駅から離れるなって感じました。実際に到着してみて、外観が白の洋館でまずひと目ぼれしちゃいました（笑）。お部屋に入ってみると、赤くて大きなカウンターキッチンが目に飛び込んできて、今まで見てきたどの物件のキッチンより収納も多くて気に入りました。そこで料理している自分を想像して、もうその時点で心の中では9割がたWilshireに決めてました」

林「ご夫婦お2人ともに東京都内にお勤めですが、通勤時間は気になりませんでした？」

入居者さん「確かにバスと電車で通勤には1時間以上かかりますが、慣れれば大丈夫かなって（笑）。それ以上にここに住みたいって思ったのです」

林「もちろん立地は重要ですが、最近では先に気に入った物件を専門のポータルサイトや情報誌で見つけて、気に入った物件がその街にあるから、そこに住んでます。なんてよく聞くようになりました」

入居者さん「私もそれもありかなって思います。気に入った物件があれば少しぐらい立地は妥協できますね」

林「ありがとうございます。契約にあたり定期借家契約のことはご存知でしたか？」

入居者さん「内見時や契約時にいろいろ説明されたのですが、はっきり言って普通借家契約とか定期借家契約などの契約形態は、全く知りませんでした。今まで賃貸に住んでいましたが、気にしたことはなかったです。説明時の記憶に残っていることといえば、2年の契約で契約終了後は問題がなければ再契約できることと、更新料がないってことだけです（笑）。当時、内見した他の物件はみな更新料が1ヶ月とあったのでWilshireは定期借家契約でラッキーって思いました」

林「他の入居者さんも同じように、定期借家契約は聞いたことがない方々ばかりで、別に普通借家契約であろうと、定期借家契約であろうと、気にしてませんでしたね。実際に4年間住んでみてどうですか?」

入居者さん「定期借家契約は、大家さんが以前に話してくれたように、賃貸住宅で暮らす入居者にとって住環境が守られていいと思います。住んでみないと隣にどんな人が住んでいるかわかりませんし、問題を起こす方とは再契約しない契約なので、安心して暮らせます。実際にWilshireの住人は皆さん素敵な方々ばかりです。普通にルールを守っていれば、何も問題はないと思います」

林「再契約してもらえないという不安はなかったですか?(笑)」

入居者さん「それは考えたことなかったですね。今回もちゃんと再契約できたし、だって私たちはルールを守る善良な入居者ですから(笑)」

林「あとよく再契約する際に、大家が賃料を値上げ要求してきたり、契約期間中、入居者さんは中途解約できないんじゃないかと不安だという方がいますが、そのあたりはどう思いますか?」

入居者さん「今回、この対談があるということで契約書をもう一度よく読んできました。賃料の値上げに関しては、そうなった場合厳しいですが、納得いくまで大家さんと話し合いますね。今回、私たちは家賃据え置きで再契約してます（笑）。中途解約に関しては、契約書にも契約期間中に借主に転勤、療養、親族の介護などやむを得ない事情が発生し住み続けることが困難となった場合には、借主から1ヶ月前までの通知で解約できるとありました。だから心配はしていません」

林「**定期借家契約は、臨機応変にさまざまな契約ができるようになったのですが、それを大家が逆手にとって入居者さんに不利益な契約を迫れば、これだけ物件があまっていて借手市場なわけですから、大家にしっぺ返しが必ず来ます。そんな大家は借主さんや不動産屋さんからも相手にされなくなるでしょう。あくまでも定期借家契約は双方の合意による信頼関係のうえに成り立つもの**だと思ってます。現在、Wilshireにお住いの方々は最高に素敵な入居者さんばかりで大家の私も幸せです」

入居者さん「この4年間でますますWilshireが好きになりました」

林「ありがとうございます。どんなところがますます好きになりました？」

入居者さん「大家さんもご存知のように、子どもを託児所にあずけて私たち共働きなんです。たとえばクリスマスの時期、夜仕事を終え車で子どもを迎えに行って一緒に帰ってくるときの、ある一瞬がすごく好きなんです。住宅街の角を曲がると、だんだんと見えはじめ近づいてくるWilshireのイルミネーション。仕事に疲れて帰ってくる私たちを『～お疲れ様～おかえりなさい～』って迎えてくれているようで、ホッとするんです。おもわずいつも『～ただいま～』って心の中で呟いてる自分がいて（笑）、大家さんの季節の演出をいつもワクワクして楽しみにしているんです」

林「想像してたら涙があふれそうになってきました。やってよかった」

入居者さん「休みの日には、会社の同僚たちがよくWilshireに遊びにくるんです。彼らもWilshireが大好きで住んでみたいと話していますよ。これも定期借家契約の影響でしょうか？（笑）大家さんも毎年たいへんでしょうけど、また今年のクリスマス楽しみにしてます」

林「ありがとうございます。会社の皆さんによろしくお伝えください。きっとこれも定期借家契約のおかげですね（笑）」

入居者さん「もしもあの時ポータルサイトで検索していた駅近の物件にしていたら、もしもあの時仲介業者さんが紹介してくれなかったら、私たちはWilshireと大家さんに出会えていなかったんですね。担当者の方に感謝しなきゃ‼」

この入居者さんファミリーは、先にも書きましたが、4年前に福岡から転勤で引っ越して来られました。ご夫妻は、東京都内の2ヶ所に結婚式場を運営する会社に勤めるウエディングプランナー。この横浜市青葉区からバスと電車を乗り継ぎ、旦那さまは池袋、奥様は虎ノ門まで通勤しています。

賃貸住宅の話からご夫妻の仕事の話になったとき、びっくりする不思議なご縁で結ばれていることがわかりました。3年前、私の息子が都内で結婚式をあげたのですが、なんとこのご夫妻が勤める会社がプロデュースし、運営する結婚式場だったのです。手配などはすべて息子夫婦がやっていたので、まったく私は知りませんでした。もちろん入居者さんも私の息子とはまった

入居者さんファミリー

入居者さんがプロデュースした息子の結婚式

く知らなかったそうです。後にこの話を聞いて、ささいなことですがWilshireが結び付ける不思議な力を感じました。このご夫妻とは、きっとご縁があったのですね。

私の経営するファミリー物件は、DINKS(Double Income No Kids. 子どものいない共働き夫婦)よりDEWKS（Double Employed With Kids. 子どものいる共働き夫婦）がほとんどです。このWilshire five seasons全6戸のアパートでは、竣工から7年で、7人もの新しい素敵なファミリー(元気な赤ちゃん）が誕生しています。

安心して子育てができる快適な住環境を重要視するファミリーには、定期借家契約が自然に受け入れられ、また求められていると実感しました。

Column

マイソクに定期借家契約のメリットを記載する

仲介業者さんの営業担当者が、定期借家契約のメリットとしてお客様に紹介しやすいように、自分で作成したマイソク（募集図面）に初めから『定期借家契約の入居者様のメリット!!』として記載しています。もちろん自分で作成しなくても、管理会社さんに頼んで記載してもらってもいいでしょう。このマイソクは仲介業者さんだけではなく、お客様にもそのままお渡しして説明できるようになっています。

定期借家契約の入居者様のメリット!!

この物件は、２年間の定期借家契約（再契約型）です。

入居者様は通常、お引っ越しをして生活を始めなければ、物件の状況はわかりません。

たとえば、物件内に契約を守れない方（夜中に騒ぐ・共用部分を汚す等）が入居していることもあり得ます。この物件では、契約を守れない方とは再契約をしません（契約期間が満了したら退去してもらいます）。

これによって物件全体の環境が良好に保たれます。契約を守る方にとっては、良好な住環境で安心して再契約を結べます。

（定期借家推進協議会発行・これで使える定期借家のスマート活用術）を参考にしております。

第2章

三方よしの賃貸経営のために

沖野 元

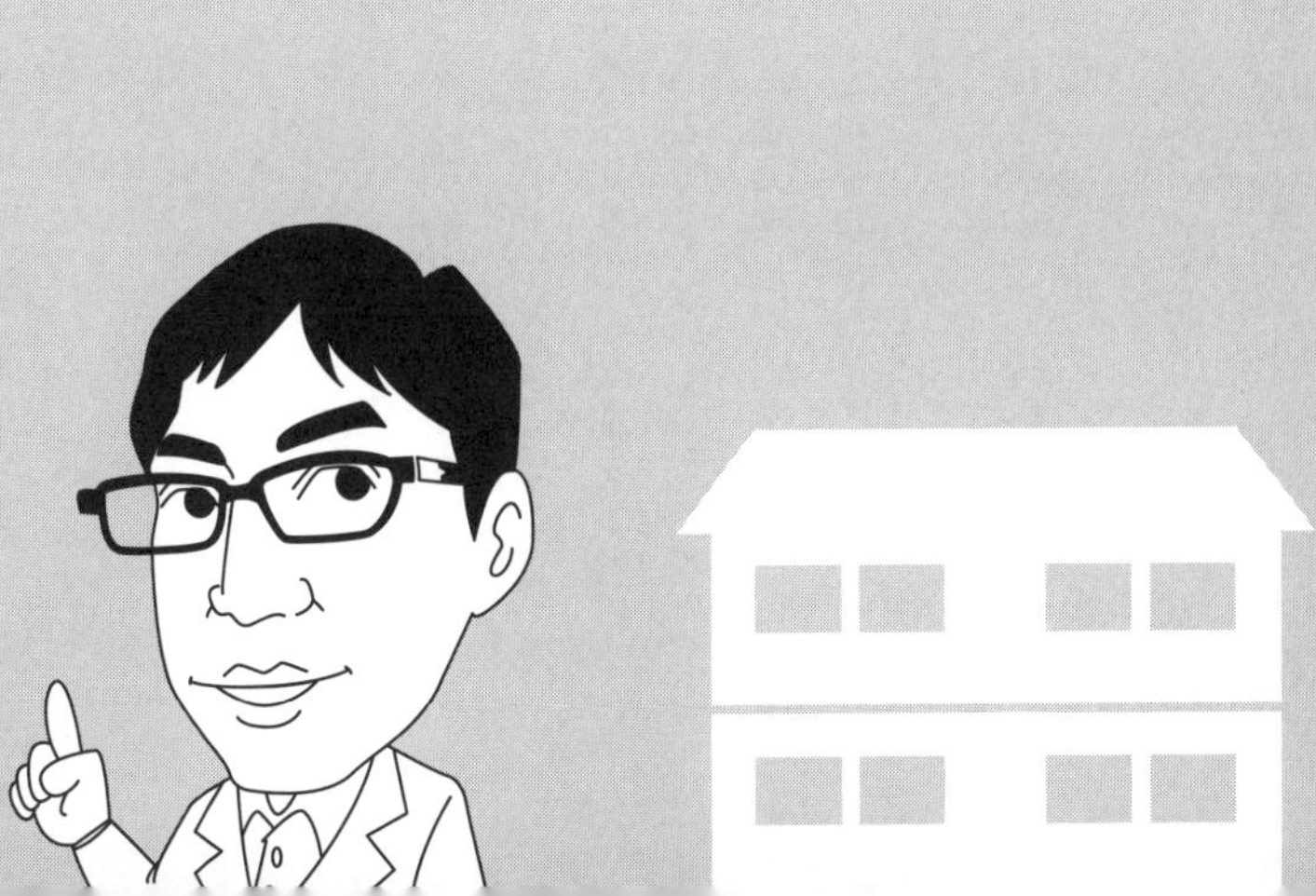

01

定期借家制度とは

——普通借家契約との違い

定期借家制度は平成12年3月1日に施行された、期間の満了で必ず契約が終了する賃貸借制度です。必ず終了するということは、「更新がない賃貸借契約」と言い換えることができます。聞いたことがあるという方も多いでしょう。ただ、実際に定期借家契約を実践しているという方は多くないと思います。私が日々実務を行っていて、また多くの大家さんと接していて定期借家契約がまだまだ普及途上にあるということを実感しています。しかし、大家さんにとって定期借家契約を取り入れるメリットは大きいものがあります。**定期借家契約とは、初めて貸主と借主が対等になれる契約**だからです。

まずここでは、定期借家契約とはどういうものかを通常の普通借家契約との違いを中心にして解説したいと思います。次の表をご覧ください。

これは、国土交通省のホームページにある定期借家制度の概要から、「定期借家契約と従来型の借家契約との比較」の表を抜粋したものです。「従来型の借家契約」とは「普通

定期借家契約と従来型の借家契約との比較

	定期借家契約	従来型の借家契約
1. 契約方法	①公正証書等の書面による契約に限る ②さらに、「更新がなく、期間の満了により終了する」ことを契約書とは別に、あらかじめ書面を交付して説明しなければならない	書面でも口頭でも可
2. 更新の有無	期間満了により終了し、更新はない	正当事由がない限り更新
3. 建物の賃貸借期間の上限	無制限	2000年3月1日より前の契約…20年 2000年3月1日以降の契約…無制限
4. 期間を1年未満とする建物賃貸借の効力	1年未満の契約も可能	期間の定めのない賃貸借とみなされる
5. 建物賃借料の増減に関する特約の効力	賃借料の増減は特約の定めに従う	特約にかかわらず、当事者は、賃借料の増減を請求できる
6. 中途解約の可否	①床面積が200㎡未満の居住用建物で、やむを得ない事情により、生活の本拠として使用することが困難となった借家人からは、特約がなくても法律により、中途解約ができる ②①以外の場合は中途解約に関する特約があればその定めに従う	中途解約に関する特約があれば、その定めに従う

出典：国土交通省「定期借家制度の概要」

借家契約」とお考えください。本書では「普通借家契約」という呼び方で統一します。

それでは順番に解説していきます。

1．契約方法

「普通借家契約」では、「書面でも口頭でも可」となっています。「口頭でも可」という部分を見て驚かれた方もいると思いますが、地域や事情によって口頭で契約している例もあると聞きます。ただ、「普通借家契約」でも通常は書面で契約していることがほとんどでしょう。

「定期借家契約」では、まず「**①公正証書等の書面による契約に限る**」とあります。ここで気をつけて読んでいただきたいのが「公正証書等」の「等」です。この「等」の中には普通の契約書なども含まれていると考えてください。**通常の賃貸住宅の定期借家契約は公正証書によらない通常の書面で問題ありません。**

次に「**②さらに、「更新がなく、期間の満了により終了する」ことを契約書とは別に、あらかじめ書面を交付して説明しなければならない**」という部分ですが、この定期借家契約である旨を記載した書面を「**事前説明書面**」と呼びます。ここでのポイントとして次の

3点に注意してください。

・**事前説明書面は契約書とは別に作成する必要がある（重要事項説明書とも別書面になります）**

・**賃貸借契約の前に交付し、説明する（「あらかじめ」という言葉はこの意味になります。したがって、この文言は事前説明書面に入れておいたほうが無難です。）**

・**貸主に説明義務がある（不動産業者が仲介する場合、通常は業者が貸主の代理で説明します）**

このように契約方法の部分だけでもさまざまな注意点がありますが、慣れてしまえばそんなに難しいものではありません。

2．更新の有無

「普通借家契約」では、「正当事由がない限り更新」となっています。ここが「普通借家契約」の一番の欠点であり、貸主にとってリスクのあるところなのです。このリスクについて理解するためには、この文中にある「正当事由」について理解しなければなりません。借家契約において貸主側の「正当事由」が認められることは、ほとんどありません。

なぜかというと、この借地借家法ができた経緯として、住宅難の時代に借主の居住権を守るという主旨があったからです。それが、現在の住宅あまりの時代にも改正されずに残っているのですからおかしな話です。では、貸主はどんな場合でも解約できないのかということですが、実際はこの「正当事由」を補完する意味で「立ち退き料」を提示することで解約できる場合が多いです。

ではこのケースで貸主が更新を拒否したらどうなるのかということですが、これは「法定更新」になります。「法定更新」とは、合意更新をしない場合に借地借家法によって契約が自動的に継続されてしまうことをいいます。その際の家賃等の契約条件は以前の契約と同じになります。法定更新になると期間の定めのない契約となり、借主からはいつでも3ヶ月前の予告で解約ができ、貸主からは6ヶ月前の予告が必要なうえ、正当事由が認められない限り解約ができません。ここでもやはり、正当事由を補完する意味での立ち退き料が必要になることが少なくありません。ですから、「法定更新」にはしないほうが良いのです。

「定期借家契約」では、**「期間満了により終了し、更新はない」**とあります。これは定期借家契約の本質の部分になります。よく「再契約保証型」とか「再契約予約型」の定期借家契約というのも聞きますが、これは定期借家制度の主旨からは外れていると私自身は考えています。「再契約型」なら問題はありません。しかし、再契約を「保証」したり、「予約」したりできるというのは、定期借家契約の意味がありません。それなら普通借家契約で良いのではないかということになります。

3．建物の賃貸借期間の上限

「普通借家契約」では2000年3月1日より前の契約で20年、2000年3月1日より以降の契約で無制限というように契約日で分かれますが、「定期借家契約」では無制限となっています。この部分はその言葉どおりなので、とくに解説の必要はないかと思います。

4．期間を1年未満とする建物賃貸借の効力

ここが重要です。「普通借家契約」では、1年未満の建物賃貸借においては期間の定めのない賃貸借とみなされますが、「定期借家契約」では、**1年未満の契約も可能**です。ここが大きな違いのひとつです。これによりシェアハウスがビジネスとして成り立つように

なりました。今では多くのシェアハウスで1年未満の定期借家契約が使われています。また、一般の賃貸住宅においても1年未満の定期借家契約が使われることがあります。外国人を対象とする場合などです。それ以外にも定期借家契約での短期賃貸借は、さまざまな応用可能性があります。こちらについては後の章でくわしく解説していきます。

5. 建物賃借料の増減に関する特約の効力

「普通借家契約」では特約にかかわらず、当事者は、賃借料の増減を請求できるとあります。ただし実際は、借主から減額しない旨の特約は、借主にとって不利となる特約のため無効と判断される場合があります。「定期借家契約」では、**「賃借料の増減は特約の定めに従う」**となっています。借主から減額しない旨の特約も貸主から増額する旨の特約も、特約に定めれば有効ということです。また、これにより**契約期間中の賃料を固定することもできる**ということになります。

6．中途解約の可否

「普通借家契約」では、中途解約に関する特約があれば、その定めに従うとなっています。「定期借家契約」では、**「①床面積が２００㎡未満の居住用建物で、やむを得ない事情により、生活の本拠として使用することが困難となった借家人からは、特約がなくても法律により中途解約ができる。②①以外の場合は、中途解約に関する特約があればその定めに従う」**、となっています。この①の場合の「生活の本拠として使用することが困難となった」とは、転勤や療養、親族の介護等の状況を指します。この場合の中途解約は、解約の申入れから１ヶ月後に終了します。実際は②にするケースが多いです。つまり、特約で普通借家と同様に１ヶ月前ないし２ヶ月前の通知で解約できるとします。また、補足ですが**「定期借家契約」の場合の貸主からの中途解約は原則としてできません。**もちろん借主と合意した場合や、借主が契約違反をした場合はこの限りではありません。

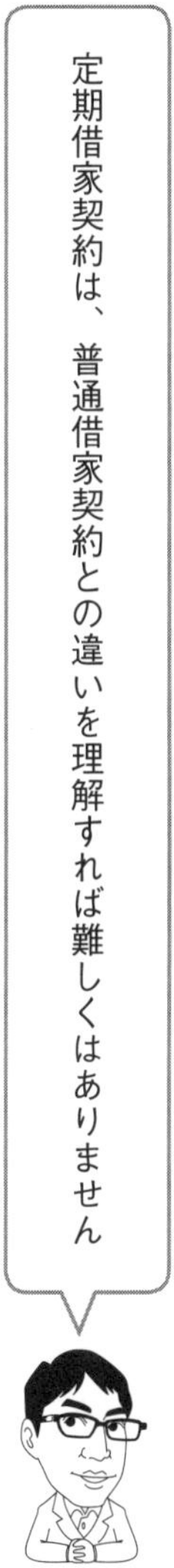
定期借家契約は、普通借家契約との違いを理解すれば難しくはありません

02

なぜ今まで普及しなかったのか

――3者の立場から見える理由

定期借家制度が施行されて今年（平成30年）で18年になります。それにもかかわらず、あまり普及しているとはいえない状況です（巻頭口絵を参照してください）。これにはいくつかの理由があります。この理由を各当事者の立場で解説していきます。

大家さん側の理由

まず、そもそも定期借家契約のメリットや方法について十分に理解していないことが多いです。また、理解してやってみたいと思っていても、不動産業者に抵抗されてあきらめざるを得ないことも少なくありません。したがって、どうしても大家さんの側から積極的に取り入れることができないということになります。無理に進めようとすると、客付けで不利になることがあります。

お客様側の理由

お客様も定期借家契約の存在を知らない。また、知っていたとしても十分に理解していません。たとえば2年間の定期借家契約の場合、「2年したら契約を解除して、出ていかなければならない」という理解しかしていません。つまり、**「再契約」についての理解が進んでいない**のです。これは本来お客様に正しい情報を伝える立場である不動産業者の説明不足が主な原因と思われます（定期借家契約の認知度については次ページのグラフを参照してください）。

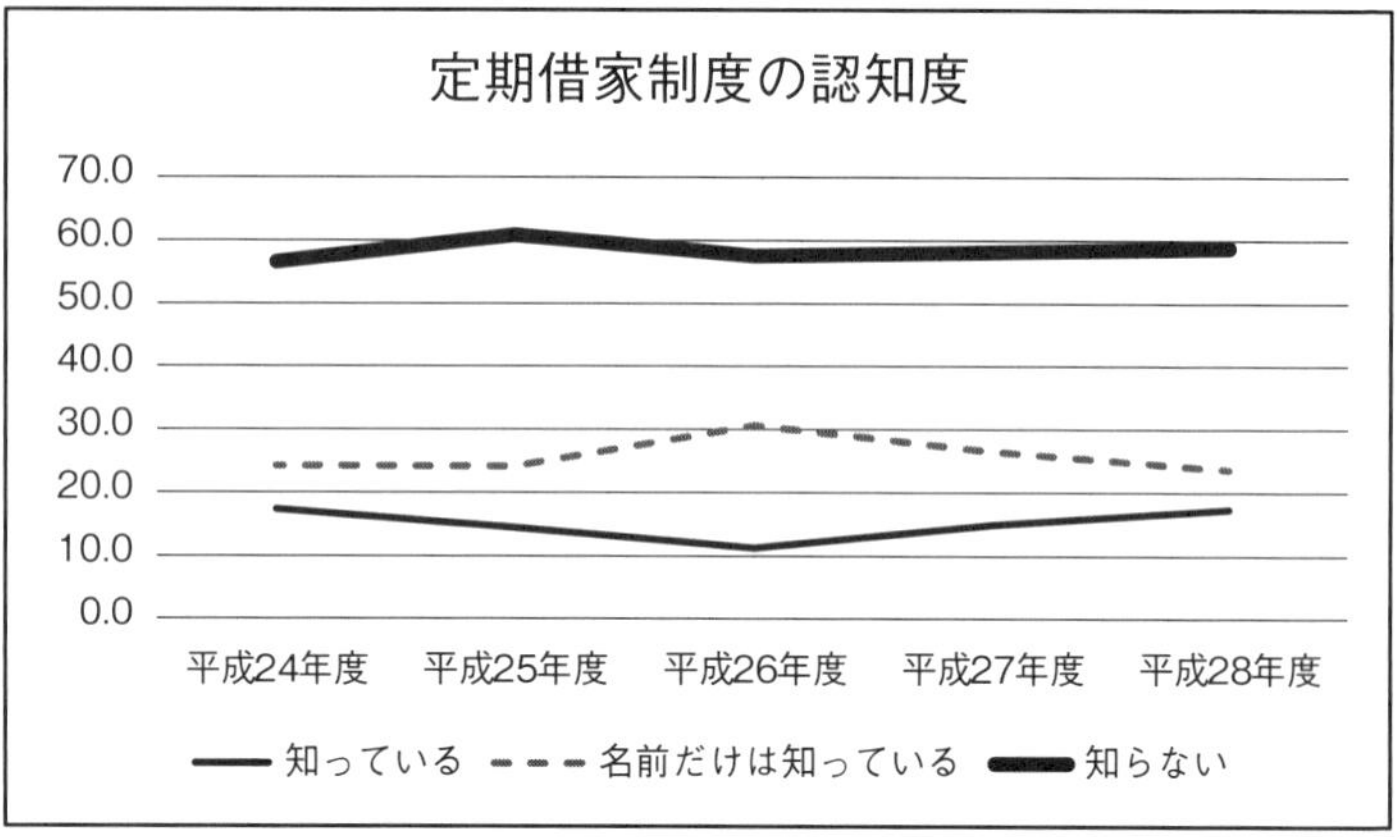

出典：国土交通省「平成28年度住宅市場動向調査」より作成

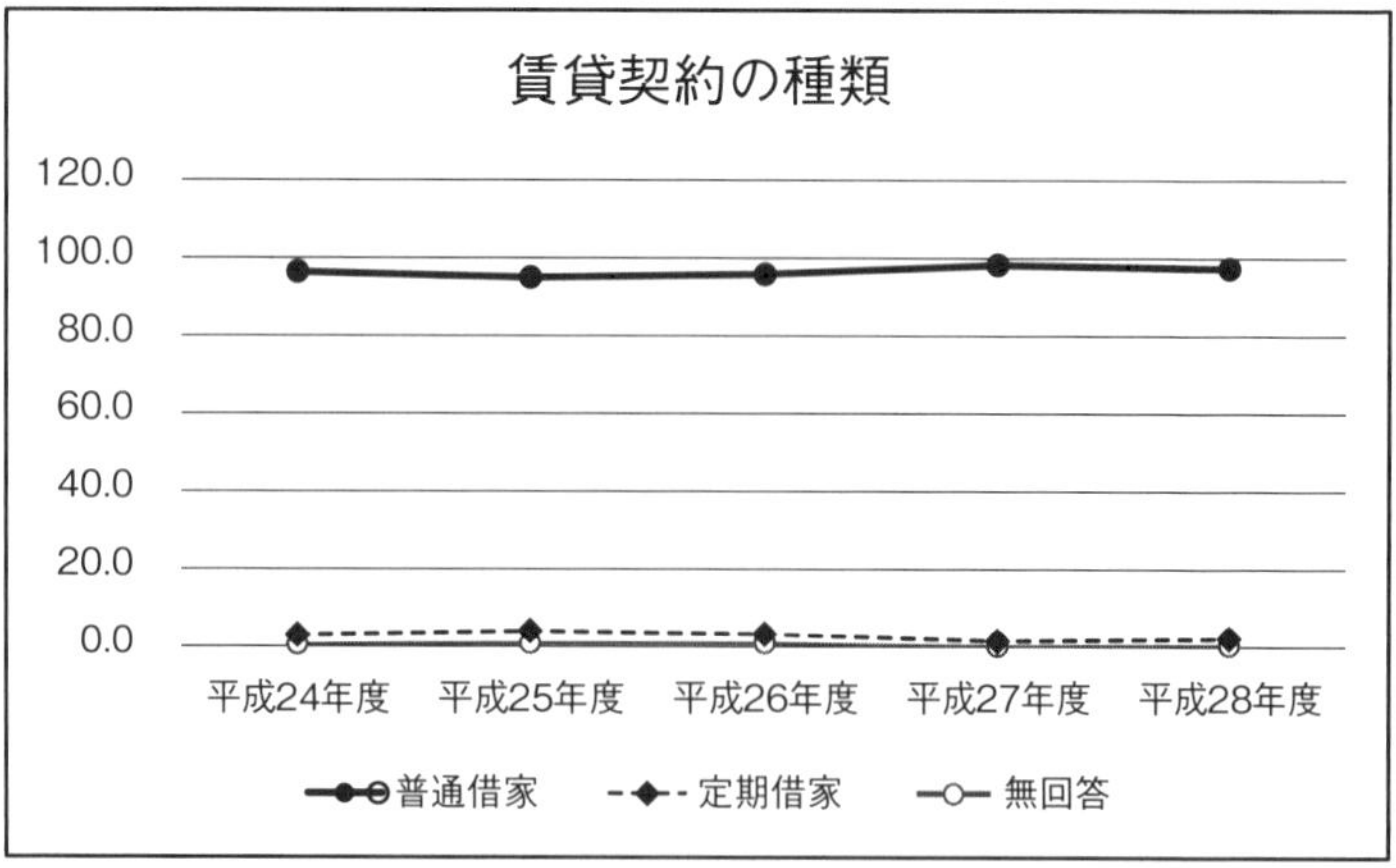

出典：国土交通省「平成28年度住宅市場動向調査」より作成

不動産業者側の理由

不動産業者にとっては、自分たちに何のメリットもない、ただ事前説明書面といった手間が増えるだけ、また、終了通知の管理など責任とリスクが増すだけ損だという考え方が多いです。定期借家契約で仲介手数料がその手間の分増えるなら、もう少し普及するのでしょう。

以上、当事者の三者三様の理由があるのですが、それぞれが定期借家契約のメリットを深く理解していないようなので、ここでメリットを確認しておきましょう。

03

なぜこれからは定期借家契約が良いのか

――定期借家契約のメリット

では、なぜ定期借家契約が良いのか、そのメリットを当事者ごとにお伝えします。

大家さんにとってのメリット

定期借家契約は3者の当事者の中では、**大家さんが最もそのメリットを享受できる**ものです。本章「01」で定期借家契約と普通借家契約の違いを解説してきて、おわかりになったと思いますが、**定期借家契約とは大家さんが借主と対等の立場になれる契約**なのです。

その主なメリットは、次のようなものになります。

・契約期間を自由に設定できる
・不良入居者を容易に退去させられる
・いざという時の立ち退き料の支払いがいらない

・家賃の値上げがしやすい
・収益の確定ができる
・入居者によるトラブルの抑止効果がある

お客さま（入居者）にとってのメリット

お客様にとっては、良好な住環境が確保されやすいというメリットがあります。大家さんにとってのメリットと重複するのですが、優良な入居者に迷惑をかける不良入居者を、大家さんが再契約しないことによって退去させやすく、常に良好な住環境が保たれることになります。

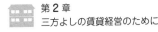

不動産業者にとってのメリット

不動産業者にとってのメリットはあまり知られていませんが、実はあります。これは客付け業者と管理業者でそれぞれ異なります。まず客付け業者にとっては、お客様に定期借家契約についての説明をすることによって、プロとしての信頼が得られます。また、定期借家契約を導入したいという希望を持つ大家さんからも信頼が得られ、管理物件取得へとつながります。

管理業者にとってのメリットは、大家さんと重複する部分が多いです。**定期借家契約により不良入居者を容易に退去させられるとしたら、何かとトラブル対応に追われる管理スタッフの負担は軽くなる**に違いありません。何よりも入居者と対等な立場に立つことにより（いざとなれば再契約はしないと思わせることにより）**トラブルの抑止**にもつながり、管理がやりやすくなるでしょう。

このように定期借家契約は大家さんのみならず入居者にとっても、不動産業者にとってもメリットの大きいものなのです。ただ、目の前の壁をぶち破る勇気や行動力のない大家さんや、目先の売上げのことしか考えていない不動産業者にとっては、それらのメリットは感じられないことでしょう。

定期借家契約は入居者のトラブル抑止につながります

Column

賃貸住宅の質の向上に必要なもの

いつもお話していることですが、日本の賃貸住宅の質は分譲住宅に比べて低いです。今後、分譲賃貸（分譲住宅で賃貸に出されるもの）との競争が増えていくことが予測されますが、このままではまず勝てません。もしも私が賃貸住宅に住むとしたら、分譲賃貸を選びます。「分譲仕様」という言葉があるとおり、分譲マンションは一般の賃貸マンションと比べて格段に設備や建材のグレードが良いです。

誤解しないでいただきたいのですが、私は賃貸マンションも分譲仕様にすべきだと言っているのではありません。そもそも、それぞれの目的が違います。分譲との違いを一番感じるのは、むしろソフトの部分、つまり管理です。分譲で当たり前のものが賃貸でなされていないことはよくあります。

たとえば、分譲マンションのほとんどに集合ポスト付近に大きな掲示板があります。賃貸マンションでも大きめの物件やしっかりした管理会社がついているところは、掲示板の設置がしてありますが、小さな物件やアパートは設置していないところが多いです。また、設置してあったとしてもうまくその機能を使えていません。そもそも掲示板なんて必要ないと思われている大家さんが多いのではないかと思いますが、掲示板は入居者とのコミュニケーションツールとして使えます。ゴミの出し方が良くない場合は、掲示板で注意を促すことができます。また、どこかの部屋でリフォームを行う予定がある場合など、掲示板でその号室、リフォーム期間、連絡先等をお伝えすることができるのです。

他の例として、分譲マンションでは自転車の整理に、ほぼ必ず自転車ステッカーを使用します。賃貸マンションでも使用しているところはありますが、まだ普及途上ではないかと思います。自転車ステッカーとは、自転車に貼るシールのことで、その物件ごとのオリジナルなものを作って利用者に貼ってもらいます。それでどの自転車が誰のものかがすぐにわかります。さらに、駐輪場所の指定ができれば駐輪場が乱れることもありません。

これからの賃貸住宅の質の向上に必要なものとは、このような「管理の質を上げる」ことです。最低でも分譲レベルにすること、そしてそれ以上に賃貸ならではのサービスができれば良いのではないかと思います。大家さんのやる気次第で、さまざまなお客様の満足につながるサービスが提供できるのではないでしょうか。

Column

そこに人が見えません！

不動産投資とひとことでいってもいろいろありますが、ここでは人が生活する賃貸住宅についてお話しましょう。

ここ数年多くの不動産投資関連のセミナーに参加しています。講師の方々がどんな話をするのか拝聴させていただいていますが、人が生活する賃貸住宅（住まい）に関し、彼らの話からそこに住んで生活する入居者さんの姿がまったくといっていいほど想像できず、描かれていません。海外不動産投資もキャピタルゲインの話ばかり。熱く語ってる講師の方々の姿が薄っぺらく見えてきます。なかにはセミナーの初めから終わりまで自分の購入した物件の購入経緯や利回り大公開など自慢話で終わってしまうものまで。

多くの不動産投資セミナー講師は、経済的なことばかり意識しているように感じます。一番重要で大切な投資を怠っています。そこに住む入居者さんのことを第一に考え、そこに投資して賃貸経営する。そうすれば不思議なことにお金は自然とまわってくるものです。

最近知り合った大家さんのなかには、新築を建て数年で失敗して売却せざるをえなくなった方々が何人も出てきています。そこに共通しているのは、10年先・20年先・30年先とそこに住む人のことをまったく考えずに、ハウスメーカーにおまかせで建てていることです。なかには全部おまかせパターンで、土地から探してもらいアパートを建てサブリースで管理してもらう!? 何のために不動産投資（賃貸住宅経営）を大きなお金を借入れしてするのか? そこにどんな人に住んでもらいたいのか? 何のヴィジョンもありません。そんな不動産投資なんか初めからやらないほうがいいです。

大きなお金を投資するわけですから、もっと真剣に全部まる投げせずに長いストーリー性をもったヴィジョンを真剣に考えて投資してみたらどうですか? その先には経営が待っています。

あなたが投資して経営する賃貸住宅、そこには人が生活しているのです。

賃貸住宅に投資、経営するには、そこに住む人や街にストーリー性を持たせることが大切です。自分のヴィジョンをしっかり持ち、そこに物語を描きましょう!!

Be creative !!

第3章

定期借家契約のさまざまなメリット

沖野 元

01 大家さんにとってのメリット

ここでは、大家さんにとっての定期借家契約のさまざまなメリットをまとめて解説していきます。

①不良入居者を期間満了で退去させられる

定期借家契約は、設定した期間の満了により賃貸借契約が終了するという契約です。ですから、他の入居者に迷惑をかけるような不良入居者を、どんなに長くても期間満了で退去させることができるのです。ただし、期間満了でも退去せず居座られた場合は、明け渡し訴訟等の法的措置をとる必要があります。ただその場合でも、立ち退き料や正当事由なしで、普通借家契約よりはスムーズに退去させることができます。このように定期借家契約では不良入居者を退去させ、トラブルの長期化を防ぐことができます。

②家賃の改定がしやすい

定期借家契約に「更新」はありません。再契約になる場合でも期間満了により、契約はそこでいったん終わります。したがって、その都度の家賃設定がしやすいのです。再契約というのは「新たな契約」となるからです。その分家賃の値上げも容易です。ただし、周辺相場より大幅に値上げすることは、ただ入居者の反発を買うだけとなるでしょう。もちろん周辺の家賃相場が下がっている時に、入居者を引き止めるために値下げをすることも容易です。また、第2章でも解説しましたが、定期借家契約では賃料増減額請求権の排除が認められています。つまり、「契約期間中は賃料改定をしない」という特約を盛り込めば、契約期間中は借主からの賃料減額請求を拒否できるのです。

③万一の時、立ち退き料がいらない

万一の時というのは、①で示したように不良入居者が入居した場合で、立ち退きが必要になった時のことです。定期借家契約を結んでいれば、法的に立ち退き料は必要ないことになっているのです。立ち退き料というのは高額になりがちですので、これがいらないというのは大きなメリットです。大家は借主と対等な立場ということになるので、精神的にも楽です。また、立ち退き料に加えて正当事由も必要ないことになっています。

正当事由とは、この文言のとおり立ち退きを迫るための正当な理由とでも考えてください。実はこの正当事由というのがくせ者で、裁判でもほとんど認められることがないのです。したがって、正当事由を補完する意味で立ち退き料が必要ということになります。そのやっかいな正当事由が必要ないというのも大きなメリットです。

④自宅を貸しやすい

これは想像すればわかりますね。定期借家契約では賃貸借期間を自由に設定できるため、自宅を一定期間だけ貸すということがしやすいのです。これから多様な住まい方が広がっていく社会になるので、こういう場合にも活用できると覚えておくと良いでしょう。

⑤契約期間の設定が容易

定期借家契約では、1週間〜20年などというように**契約期間をフレキシブルに設定でき**

るということになります。短期間でも長期間でも使えるということになります。シェアハウスやゲストハウスの場合はもちろん短期間で、たとえば1年未満の定期借家契約にする場合が多いです。あるシェアハウスでは、初めての入居の場合は3ヶ月間、次の再契約は6ヶ月間、続いて10ヶ月間というように、入居者の信頼度に合わせて徐々に契約期間を延ばすというやり方をとっています。これはまさに定期借家契約だからこそ、できることでしょう。また、通常の賃貸物件の場合でも、**入居希望者の属性が良くない場合などに定期借家契約で期間を短めにする**やり方はありだと思います。

逆に長期間の設定は、後述する「借主負担ＤＩＹ型」で借主がリフォーム費用を負担する場合などに使えます。

⑥借主の不当な要求を抑止できる

繰り返しますが、**大家と借主が対等になれる契約方法は定期借家契約だけ**です。普通借家契約では、借主が不当な要求をしてきたときに泣く泣く飲まざるを得ないことがあります。たとえば、普通借家契約では契約更新時に借主が家賃の減額を要求してくることもあります。ここで合意できないとなると、法定更新となる可能性が出てきます。法定更新のデメリットについては前述したとおりです。この点、定期借家契約であれば再契約しなければよいだけのことになります。その部分は借主にも一定のプレッシャーを与えることになり、不当な要求の抑止につながります。

⑦建替えがしやすい

定期借家契約は、普通借家契約と違って**契約期間を確定できるため、先の計画が立てやすい**のです。とくに築数十年といった築古物件は、大規模なリニューアルや建替えを控えていますので、定期借家契約を利用しないと計画が立てられないだけでなく、いざという時に高額な立ち退き料を要求される可能性が高くなります。おそらく大家さんにとって、これほどのリスクはないでしょう。以上のような理由から、**築古物件の大家さんにとって定期借家契約は必須**であるとお考えください。

今見てきたようにメリットの①、③、⑥は不良入居者対策といってもよいものです。最近、管理業者の多くが何らかのトラブル時に自己主張が激しい借主が増えてきたと感じています。そんな場合でも、定期借家契約にしていれば不良入居者対策としていかに機能す

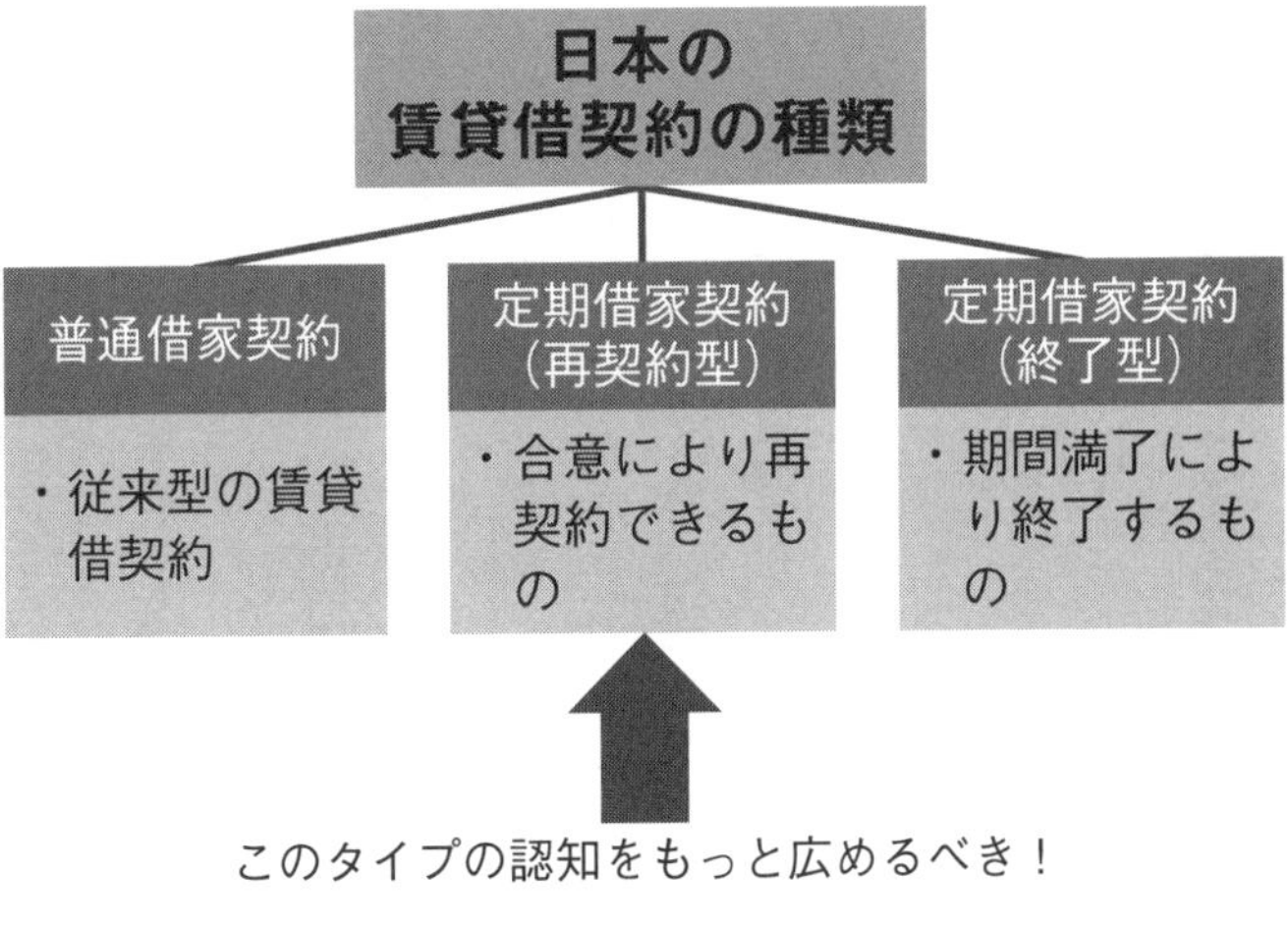

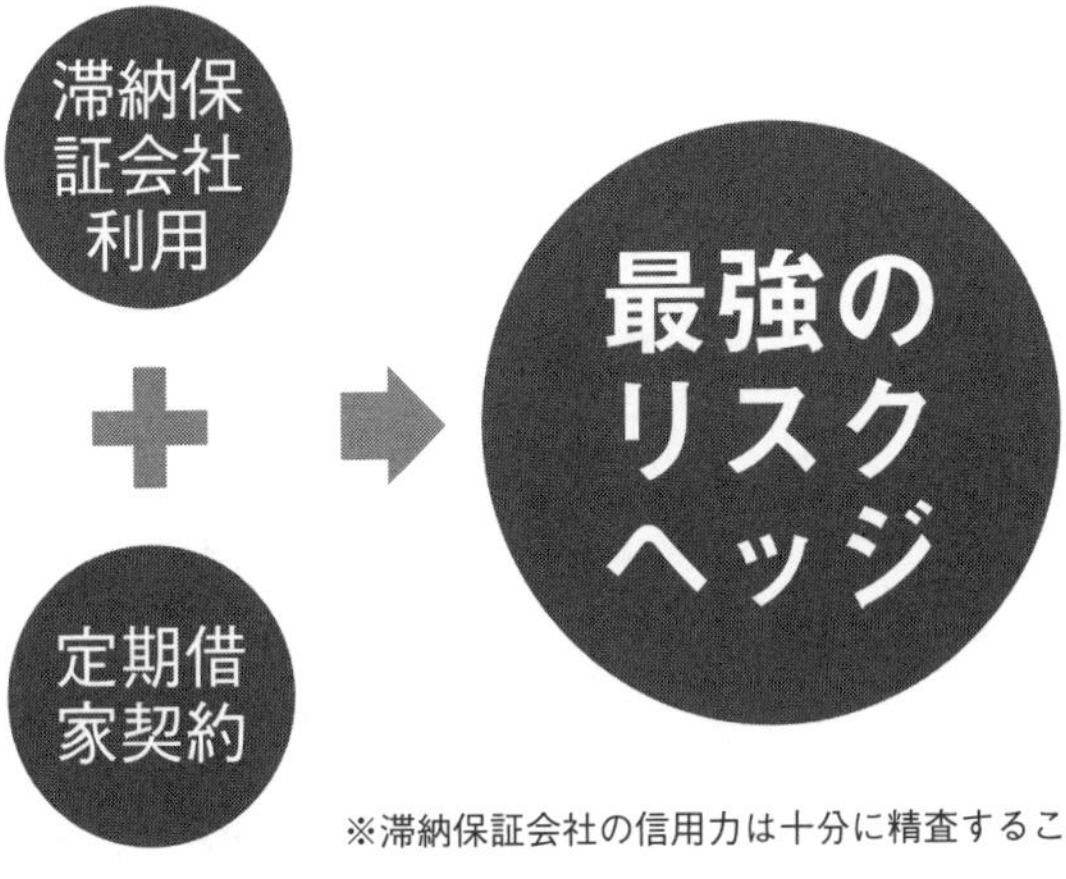

※滞納保証会社の信用力は十分に精査すること

るかがご理解いただけたのではないでしょうか。

　そうするとこういうことを言われる方がいます。「そもそも不良入居者なんか入れなければいい」と。もちろんそのとおりです。私の会社でも管理物件を預かっていますので、入居面談を必ず行うようにしています。そこである程度は防ぐことができますが、やはり漏れは出てきます。そうした場合の**リスクヘッジとして滞納保証会社の利用と共に定期借家契約を利用**することにしていて、それらが不良入居者対策として優れたものであることを実感しているのです。ただし、滞納保証会社の利用には注意する点があり、まだ業界ができて浅いため不安定な会社や倒産する会社もあります。実際は、仲介した不動産業者の提携している保証会社を利用せざるを得ないのですが、それでも利用する会社の信用力を十分に確認する必要があるということは覚えておいてください。

滞納保証会社利用＋定期借家契約は、大家さんにとって最強のリスクヘッジ

02

実録！ 定借実践大家さんインタビューレポート

――定期借家契約で満室を実現した川本文雄氏・田口克巳氏両氏との対談（文中敬称略）――２０１５年４月10日収録

定期借家契約を知ったきっかけと感じられるメリット

沖野　今回は定期借家契約を実際に導入しているという二人の大家さんにお集まりいただきました。

まず定期借家というものを知ったきっかけを、川本さんのほうから教えていただきたいのですが。

川本　私はそもそも賃貸経営に関してまったくの素人だったんですが、不動産実務検定講座を沖野さんのもとで2級、1級と受けて、そこで初めて賃貸借契約に普通借家と定期借家があるということを知りました。その講義の中で、普通借家は非常に入居者寄りに過ぎている部分があるのに対して、定期借家はどちらかというとお互いにイーブンの関係なんだと知り、自分がもし大家をやる場合には、必ず定期借家にしようと考えました。

沖野　賃貸経営を始める前に、普通借家と定期借家といったものを学び、定期借家の良さを知ってぜひ取り入れたいと思ったんですね。田口さんは、最初どういうきっかけだったんですか？

田口　私の場合は、まず1棟目を購入したときに、反社会勢力の方が入居されていました。それでいろんなところに相談したんですが、契約上は普通借家契約なので、正当事由がない限り退去させることができない契約だというのを知って、退去させるためにはどうしたらいいんだろうと悩んでいたときに、あのときたしか浦田健（JｰREC代表理事）さんの電話のコンサルティングで「定期借家というのがありますよ」と教えられ、そのときに初めて知りました。

沖野　定期借家を知って、お二人ともそれをどうして取り入れようと思ったのか、どこにそのメリットを感じたのかということを教えてください。

川本　これもまた不動産実務検定の講義の中で、定期借家にすることによって、大家もメリットを得るだけじゃなくて、入居者においても、あるいは管理会社においてもメ

川本文雄
（かわもとふみお）
38年間の百貨店勤務を終え、賃貸経営、不動産管理に徹する。
百貨店＝サービス業の経験を生かし、サービス業の基本的概念である「顧客満足の向上」を賃貸経営に置き換え、「入居者満足の向上」を実践。
現在、56室マンション1棟、アパート1棟を経営。

リットがあると知りました。

それはやはり、その住環境を良くするためには、そこに不良入居者が存在することが一番問題ではないか、やはりそうならないためにはどうしたらいいかということで、定期借家を考えたわけです。

沖野　田口さんはどういうメリットを感じて取り入れたのですか？

田口　私の場合には、先ほど申し上げましたように1棟目に買ったマンションに、反社会勢力の方が住んでいたんですが、その方が本当に反社会勢力かどうかというのは、認定できないんですよ。ほとんどの契約書の中に、「反社会勢力の方が住んでいると認めた場合には契約は解除となる」と書いてありますが、たとえば全身のタトゥーの人がいたとしても、本人に「あなたは反社会勢力の方ですか？」と聞いても無駄でしょうし、もし「元」反社会勢力の方だったら、今は反社会勢力の方じゃないわけですから、反社会的勢力の方かどうかというのは、恐らく現実的に認めることはできないと思います。

そうなったときに、普通借家契約では、たとえ問題があったとしても、他の入居者の安定的な住居を確保するためには、正当事由がない限り退去し

田口克巳
（たぐちかつみ）

大手ファーストフード会社に勤務。

その後、大手消費者金融に転職、エリアマネージャーとして16店舗、数百億の貸付金の営業・管理回収を経験。

39歳にて貴金属買取店開業により脱サラ。

42歳にてド素人から大家業（不動産賃貸業）に。

3年で3棟（110部屋）購入。1棟売却。

2015年7月マイアミ区分所有1室購入。

てもらうことはできません。定期借家の場合には、何か問題があってこちらが再契約をしたくないということであれば契約することができないので、このマンションは入居者も住環境もきちっと安全・安心で住むことができるという観点から、定期借家契約が有効であるというのを自分で判断しました。

沖野　その反社会勢力と思われる人は何か問題を起こされたのですか？　滞納とか。

田口　滞納は一切なかったです。

沖野　じゃあほかの入居者の方に迷惑をかけたりしたとか？

田口　他の入居者に対して、タトゥーを見せながらパンツ1枚で、「お前らうるさいよ」というのを言い回りました。そこで周りの入居者から「この人は普通の人でないな」と退去しはじめ、結局全員退去しました。

沖野　そのタトゥーを入れた人は、普通借家で入られたんですか？

田口　そうです、普通借家で入っています。

沖野　そうすると、出すときはかなり苦労されたんですね。

田口　ええ、まあ、いろんな方法を使ったんですが……。最終的には、ウチの社員に対して、恫喝をし始めました。恫喝だけだと刑法上は犯罪にはならないそうです。そこで、その恫喝が度を超えてウチの社員に対して精神的な苦痛を与えたということで、きちっと病院に行って診断書をとってもらい、訴訟を起こしました。

沖野　ああ。それで、立ち退きですね。

田口　そうです。正当事由ができたんで、退去していただきました。約4カ月ぐらいかかりました。

不動産業者の抵抗

沖野　それで自分が定期借家を取り入れたいと思っても、間に不動産会社が入っていると、そのときの抵抗があったかと思いますが、川本さんの場合はどうでしたか?

川本　私の場合は、マンションができる前から、定期借家じゃなければ契約をしないということを管理会社のほうに伝えました。そこで管理会社は、渋々、「定期借家にしてもいいですよ」と言いましたが、この場合、サブリースということもあり、「そのかわり家賃を下げてくれ」と言われました。これはすべての管理会社がそう言いました。

沖野　ああ、そうですか。

川本　通常の普通借家の家賃ではなくて、定期借家の場合はその分、たとえば「1割なり何なり家賃を下げてほしい」という依頼が、すべての管理会社からありました。それはちょっとおかしいとは思ったんですが、その中でも一番下げ幅の少ないところの管理会社にお願いをしました。

沖野　家賃を下げることだけで、あとは割とすんなりと？

川本　そうですね。はい。

沖野　田口さんの場合は、どうでしたか？

田口　私の場合は、不動産屋さんに話したときに、不動産屋さん自身が、定期借家契約を認識していなかったです。

沖野　そうなんですか！

田口　「それ何ですか？」って。それでその窓口の方は全員知らなくて、店長さんに聞くと、「あ、定期借家ですか」と。すると店長さんは「で、田口さん、建て替えるんですか？」と。そんな認識をされている不動産屋さんが多かったです。

沖野　ああ、なるほど。

田口　私は「いや、そうじゃなくて、普通借家と同じなんですが、法的には普通借家よりも定期借家のほうが、大家さん向きなんだという話をしました。すると「あ、そうですか、ただウチはやってないですから」という答えがほとんどでした。

沖野　もう何軒も回られたんですか？

田口　ええ。大手を含めて、回りました。

沖野　大手もまったくダメでしたか？

田口　ええ。なかなか理解を得られなかったです。ですから、3棟購入したんですが、1棟目は結局定期借家にしてもらえずで、普通借家でやっていました。2棟目は今現在も普通借家です。

沖野　そうですか。

田口　地元の大手にお願いしているんですが、やっぱり「基本的にはやってない」って言うわけです。ただ、「2年後に建て替えるとか、そういった場合には、やっている」と。

３棟目として買った台東区の物件に関しては、幸いなことに、ひとり親方の不動産屋さんでしたので、Ｊ‐ＲＥＣ（一般財団法人日本不動産コミュニティー）で教わった知識をきちっと彼に伝えて、理解を得てもらい、「じゃあ、再契約型でできるんだったら私のほうからいろんな不動産屋さんに話しましょう」という形で、今、53部屋中半分を定期借家契約にしています。残り半分に関しては、私が購入前の入居者ですので、そこはまだ普通借家のままです。

沖野　なるほど、その業者さんに管理を任せているんですか？

田口　管理を任せています。

沖野　そういうことですね。やっと定期借家に、そこでできたということですね。

田口　はい。それが約2年半前ですね。２年半でやっと半分切りかわったと。ただ、半分はまだ、もともと私が購入する前からの入居者ですので。更新も普通借家で更新しています。

沖野　それも平成12年3月１日以降に初めて契約したものなら定期借家に切りかえられますけれども。

田口　ええ。そこはトラブルをおそれて今の管理会社の社長が説明をちょっと渋っているというか。

沖野　ああ、そうですか。

田口　かといって、私も直接入居者に説明するのもちょっと抵抗があるというのが本音です。

沖野　ああ、そうですか。わかりました。

定期借家契約に対する入居者の反応とデメリット

沖野　実際にこの定期借家を取り入れてみて、入居者の反応というか、大家としての感想でもいいですし、そういったものをお話しいただければと思いますが。

川本　私の場合、最初から定期借家なんですが、入居の募集をかけていたときも、ほとんど入居希望者から定期借家だからダメだという答えが返ってきたことはないと言われています。ですから、今の一般入居者、入居希望者については、定期借家と普通借家という区別も全く気にしていないのではないかと思いますし、逆に環境さえ良ければ、いいのかなっていう感じですよね。

そのうえ定期借家の場合は更新料がありませんから、入居者としてもこれはメリットになるのではないかと思いますし、私のところは最初から4年契約ですから。4年契約ということは、普通借家だったら2年更新でしょうから、そういう意味では入居者としても無駄な支出がないということでのメリットが高いと思っています。

沖野　なるほど。今、「4年契約」というお話が出たのですが、4年契約ということは、通常は管理会社のほうは2年ごとに更新料という手数料が入ってくるわけですね。それは管理会社としての何か抵抗っていうのはありませんでしたか？

川本　逆に言うと、この4年契約にしたらどうかというのは、管理会社からの提案でした。

沖野　ああ、そうですか。

川本　ええ。ですから私は最初、2年契約のつもりでいたんですが、そういう提案があったので、だったら4年契約のほうがいいので、4年契約にしたいとお願いをした次第です。

沖野　そうですか。ちなみに、今「更新料なし」というお話が出たんですが、再契約する場合は手数料の扱いはどのようにされていますか？

川本　再契約手数料として、管理会社が受け取るような形になっています。

沖野　サブリースだから、再契約手数料という形なのですね。なるほど、はい。わかりました。

ところで川本さんのほうで、実際にこの定期借家を導入して、デメリットに感じることって何かありましたか？

川本　今のところはデメリットに感じるということは、あまりないような気がします。入居も、56世帯あるわけですけど2か月ぐらいでだいたい埋まりましたから、定期借家だからということで抵抗があって、なかなか入らないということはなかったような気がします。

沖野　なるほど。その後、入退去もあったわけですよね。その後の入居はスムーズに……。

川本　ええ、今のところ、実は4世帯ぐらい空いていますが、ちょうど今この時期なので、いたし方ないかなというふうには思っています。

沖野　はい、ありがとうございます。

　田口さんのほうは、実際その3棟目の半分に定期借家契約を取り入れてみて、どんな感想をお持ちでしょうか？

田口　定期借家で契約して入居していただいているお客様に関しては、どちらかというと精神的に、何か問題があれば、法的には対抗要件の中では私のほうが有利という契約になっているので、安心しています。

　で、定期借家にしてデメリットというのは、まあ川本さんと同じように、ないと思います。

沖野　そうですか。

　その管理会社の社長さんは、定期借家ということで募集案内をされているわけですよね。そのときに、避けられるっていうことはないんですね。

田口　私が先ほど説明したように、定期借家契約は、普通借家と基本的には同じで、問題がある入居者は長期間住むことはないので、安心できるマンションです、という説明を必ずしてくれということは伝えてあります。それがうまく伝わっていますので、空いてもだいたい1か月以内ぐらいには入居が決まっていますので、定期借家が問題となって避けられているということは感じていないです。

沖野　なるほど。

田口さんのほうは、その再契約のやり方としては、どういう形をとっていますか。

田口　基本的には普通借家と一緒の形で、再契約時に事務手数料として1か月分もらって、半分管理会社がもらって、半分大家さんがもらうような形をとっています。

沖野　なるほど。再契約料みたいなことですね。

田口　そうです、事務手数料ということで1か月分。それはもう契約時に、契約書にも入っていますので。

沖野　なるほど、はい、わかりました。それで、定期借家の場合は、重要事項説明のほかに「事前説明」というのをやらなきゃいけないんですけれど…。

田口　それも書面でちゃんと交付してやるということが、法的には必要ですので、それもやってもらっています。

沖野　はい、ありがとうございます。

導入を迷っている大家へのメッセージ

沖野　それで、まあ今後、定期借家契約を、川本さんなんかもずっと続けていこうというお考えで、よろしいですよね。

川本　はい。

沖野　そこで今その導入を迷っている大家さんというか、不動産屋さんに断られて、気持ちが萎えている大家さんに対して、何かメッセージをお願いしたいんですが。

川本　まずは、定期借家のことをお願いをする前に、大家側が、定期借家とは何だということを、まず勉強する必要があるのではないかなと思います。大家側がちゃんと勉強して、それをちゃんと自分の中に腑に落として、それを持ちながら、管理会社と相談をすることが必要なのではないかなと。そこで大事なのは、全員がウイン・ウインの関係になるんだよということを、よく説明をしたうえで納得をしてもらうということが第一じゃないかなと思います。

先ほど田口さんからもあったように、今の管理会社の定期借家に対しての認識がまだまだない状態だと思うんですね。私の場合はたまたま、定期借家というものに対してわかっているところにお願いをしたので、そういう答えになったわけですけれども、実際には街の不動産屋さんは、ほとんど定期借家についての認識はないと思いますので、自分がまず、定期借家というものをよく認識したうえで対応する必要があるのではないかと思います。

沖野　ありがとうございます。

田口さんは、今後は他の所有物件にも定期借家を広げていこうというお考えはないですか?

田口　1棟に関しては全部定期借家にする方向で今、動いています。退去の度に全部定期借家になっていますので。で、もう1棟に関しては、地元の、客付力のある不動産屋さんにお願いしているんですが、そこを外してまで、要は定期借家にするのがいいのか。今とりあえずは、おかげさまで事務所以外はもう全部埋まっていますので、そこをあえて定期借家にするというのを、ちょっと天秤にかけると、今の普通借家のままでいいのかなと。トラブルも起きてないので。

沖野　実際、今お話しの中で、その客付力のある不動産会社が定期借家をやっていないということで、大家側としても今田口さんが言われたように、じゃあやめるとは言えないですよね、なかなかね。そういうお話は、ほかの大家さんの中にもやっぱり多いんじゃないかと思うんですけれど…。

田口　多いと思います。

沖野　だから、まあ、その力のある不動産会社は、自分たちにメリットがないからというので、その定期借家を、ウチはやりませんというのは、かなり大家さんにとっては不利なことではないかと思いますが。

田口　そう思います。

沖野　田口さん今後、今定期借家導入を迷っている大家さんに対してのメッセージは、何かお願いできますか？

田口　恐らく私と同じように、今管理している管理会社をまずどうするかだと思うんですよね。今、管理してもらっている管理会社が、川本さんがおっしゃったようにちゃんと理解を示してくれる管理会社さんであれば、遠慮なく普通借家から定期借家へ切りかえたほうがいいと思います。ただ、私のように、できる物件とできない物件。やろうと思っても、管理会社がなかなか理解していただけないという大家さんもほとんどだと思うので。

ただ、そうとは言いながらも、私もチャンスがあれば定期借家に変えたいとは思っています。

なぜ多くの大家さんが定期借家に切りかえていないかというと、私は3つの理由があると思うんですね。

1つ目の理由は、さっき川本さんが言ったとおり、認識の欠如。定期借家なのか、普通借家なのか、そんな契約が2つもあったということも知らない。それを認識すらしていないというのが、まず一つの原因。

2つ目が、知識の不足です。じゃあ、定期借家と普通借家、定期借家のほうがいいじゃない、定期借家にしていこう。でも、どうやってやればいいの？　普通借家と定期借家はどう違うんだろう。切りかえたら、どんなメリットがあって、どんなデメリットがあるんだろう。そういった知識が不足しているということなんです。

3つ目は、知って、わかっても、今度はやろうと思ったら、私と同じように、「管理会社に言ったらちょっと変なふうに思われちゃうかな？」とか、そういった失敗への恐れですよね。

この3つの理由で、恐らく多くの人が、定期借家に切りかえていないんじゃないかなというふうに思います。

沖野　その、知識の欠如とか、認識していないとかは、まああると思うんですが、定期借家をやろうと思っても自分だけでできる問題じゃないので、今お話しがあったように、管理会社に抵抗されたらどうしようと。で、もし失敗したら、客が付かなくなったらどうしようなんていう、そういう大家さんに対しては、どういう言葉をかけられますか？

田口　まあ、いろんな要素はあると思うんですけれども、管理会社と今つき合っていたほうがメリットが大きいのか。もうここは入居者のレベルがやっぱりあまりかんばしくない、トラブルを起こす可能性があると思ったときには、やはり思い切って定期借家に切りかえたほうが、最終的にトータルで見ると、自分の利益が高くなるんじゃないですか。その入居者の状況を見て、これはちょっと事前対応しておいたほうがいいなと考えている大家さんがいる場合には、定期借家をぜひともチャレンジしたほうがいいと、私は考えています。

物件力とパワーバランス

沖野　先ほどの川本さんの言葉で、「定期借家っていうのは全員にメリットがあるんだ」とありましたが、要するに、大家さんもそうだし、お客さんもそうだし、不動産業者もそうだと。そこをもうちょっとくわしく教えていただけますか？

川本　はい、やはり基本的にその共通項というのは、不良入居者を排除できるということだと思います。これによって、まず大家としても入居者が出ていかない、あるいは入りやすい環境がつくれる。入居者にしても、非常に良い環境の中で居住できる。管理会社としても、不良入居者が入ることによって空室が多くなった場合に、そこを埋めることが非常に難しくなってくる。

それが定期借家の場合は、先ほどから田口さんがおっしゃっているように、不良入居者が入っても排除することが可能なわけですから、お互いに良い環境をつくりながら、大家、入居者、そして管理会社が、ウイン・ウインの関係になるんではないかと考えています。

沖野　なるほど。わかりました。

川本　私が思うには、私のところはサブリースで定期借家じゃないですか。それでよりそのハードルが高かったわけですよね。管理委託の定期借家は少しずつ増えてはきているんですが、サブリースの定期借家はほとんどありません。

沖野　よく見つけられましたよね。ほかの大家さんに聞いても、そういう例はほとんどないので。

川本　はい。そういう意味では幸いにもそういうところが見つかったということではないかと思うんですが、その中で、今の大家さんもそうですが今後大家さんになる方の中で、一番大事なのは、やはり企画だと思います。企画を練って、いかにその建物の中に入居者が入ってくれる、それから、入ってきた入居者を出さないで済む、そういう企画力が一番大事なのかなと。それがちゃんとできれば、おのずと管理会社としても、そういう管理物件であれば、定期借家にしても問題ないだろうとか、あるいはサブリースにしても問題ないだろうとか、そういうふうな形になるのじゃないかと思います。何もかも管理会社に投げて、企画もなしに建てるという形になると、たぶん難しいんじゃないかなと思いますね。

沖野　なるほど。企画をしっかりして、ターゲットを絞って、と。つまり、物件力があれば、管理会社、不動産会社は、もう定期借家だろうが何だろうが、お客は付くだろうという判断をするということですよね。

川本　はい。この物件であれば入居の募集をかけても入るだろうと、当然管理会社もプロですから。そういうふうに見れば、こちらのほうから厳しいお願いをしたとしても、それに対応していただけるんではないかなという感じがしますね。

沖野　だから、ただ大家さんも自分の物件を定期借家に変えることだけを考えるのではなく、まずその物件力をつけることも同時に行う必要があるということですね。

田口さんは何かありますか？

田口　そうですね、やっぱり今大家をやっていて普通借家でやっていると、それを定期借家に切りかえるとなると、先ほどお話したように、管理会社なり客付け会社さんに「定期借家にしてください」と言っても、「あ、わかりました、いいですよ」とはおそらく言わないと思います。

それはなぜかというと、今までほとんどその地域の大家さんが普通借家でやっているなかで、何で定期借家でやらなきゃならないの？　と。新しく定期借家をやるということは、その不動産屋さん自身でリスクを抱える可能性があるわけです。お客さんに説明しなきゃいけない、書面も交付しなきゃいけない、という責任が生じる。そうすると、トラブルになる可能性がある。それをあえて、今までのやり方でずっと何十年もやってきた不動産屋さんが、一人の大家さんの飛び込み、もしくは何十年もつき合っていた大家さんからいきなり、「勉強したから定期借家にしてくれ」って言われても、相当難しいものがあると思います。

私自身も、恐らく10社以上にお話して、それでも2棟目に買ったところは普通借家のままなわけですから。たまたま、あるひとり親方の不動産屋さんと出会って、彼がどうしても管理したいと。やっぱりその、先ほどお伝えしたように、大家さんと不動産屋さんのパワーバランスによって、大家さんが強ければ定期借家にしてくれと言えると思うんですけれども、パワーバランスが不動産屋さんのほうが強かった場合には、このパワーバランスを崩してまでやるというのは、すごく難しいと思うんですよね。そこを、どう見るか。

私の場合には、1棟目に不良入居者がいた、この経験が大きかったです。もう二度とあんな思いはしたくないです。あの経験があったから、イヤでも戦いましたけれども、そういった経験がないとなかなか難しいのではないかと思います。メリットは恐らくみんなわかっていると思うんですよね。そういったハードルがあるということを認識されて、ぜひともチャレンジする人はチャレンジしたほうがいいと思います。

沖野　ありがとうございます。

先ほどからお二人のお話しを聞いていると、最近の大家さんは、結構今、定期借家のセミナーも増えてきたので、そういった意味での知識は、徐々にですが、増えてきているのかなと思います。それに対して不動産業者のほうが、もちろん知識はあるんでしょうけれども、抵抗がすごいですよね。私たちも、そこをどうしたらいいのかなと。そのためにも、この本をどうしても世に出さなきゃいけないなという気持ちがより強くなりました。今日はどうもありがとうございました。

03

定期借家契約にまつわる3つの誤解

ここでは、定期借家契約にまつわる誤解を主な3つに絞って、それらのどこが誤解なのかを解説し、その誤解についての対処法を示します。

①定期借家契約にするとお客が付かない

これは誤解というよりは間違いであると断言できます。この点については、第8章の座談会に登場されるストーンズの細山前社長もきっぱりと主張されていました。ストーンズさんでは、管理物件の99%を定期借家契約で行われています。お客が付かなければ、それこそ会社の死活問題になるでしょう。それを定期借家制度が施行されてから18年間も続けていらっしゃるのです。また、共著者の林浩一さんも、毎回定期借家契約で入居者募集して、満室にしています。私の管理物件でも同様に満室になっています。

定期借家契約でお客が付かないというのは、定期借家契約の本質を本当の意味で理解していない不動産業者の言葉です。大家さんもそれに感化されて同じ意見を言われる方がいます。現に私の周りには定期借家契約で満室を維持する大家さんたちがいるのです。お客が付かないという人たちはそのことをどう説明するのでしょうか。

この誤解への対処法

現実問題として、大家さんがいくら定期借家契約をしたいと希望しても、窓口となる不動産業者に拒否されるとできません。では、どう対処するのかということですが、これは対応してくれる不動産業者を根気よく探して回るしか方法はないということになります。

ポイントは、物件の最寄り駅だけでなく、ターミナル駅も含めて回ってみることです。徐々にではありますが、定期借家契約でも募集をしてくれる不動産業者は増えてきていますので、あきらめずに動いてみてください。

②定期借家契約にすると家賃を下げないといけない

これも定期借家契約をよく理解していないから出てくる言葉です。ただ、定期借家契約が普通借家契約と比べて募集に不利ということは若干あることは事実です。それは不動産業者の理解不足、お客さまの理解不足が原因です。後で述べるように定期借家契約には次の2通りのものがあると考えてください。

・終了型

・再契約型

終了型とは、取り壊し予定や貸主の使用予定があり、契約が期間満了で終了し、再契約がないものをいいます。契約期間が2年以下の場合は、やはり賃料を安くする必要があるでしょう。できるだけ長期に借りたいと考えるお客様には不利な条件となるからです。一方で**再契約型とは、基本的に貸主は長期間賃貸する意思があるもの**です。通常、借主に契約違反等がなければ再契約を希望します。この場合は、家賃を下げる必要はまったくないということになります。定期借家契約のメリットを享受するためにそちらの契約にするだけなので、家賃は現状維持できるのです。

＊「再契約型」については、契約書についての注意点を第4章137ページの「TOPICS」で、クレームの抑止効果についてを第5章154ページの「TOPICS」で説明されているので参考にしてください。

日本における賃貸借契約の種類

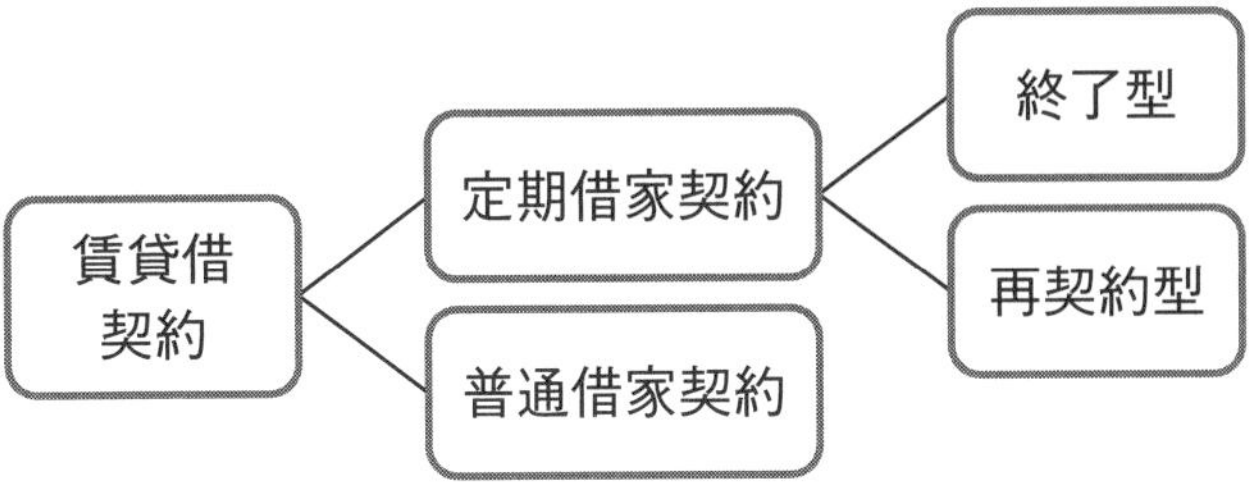

定期借家契約の種類別家賃の違い

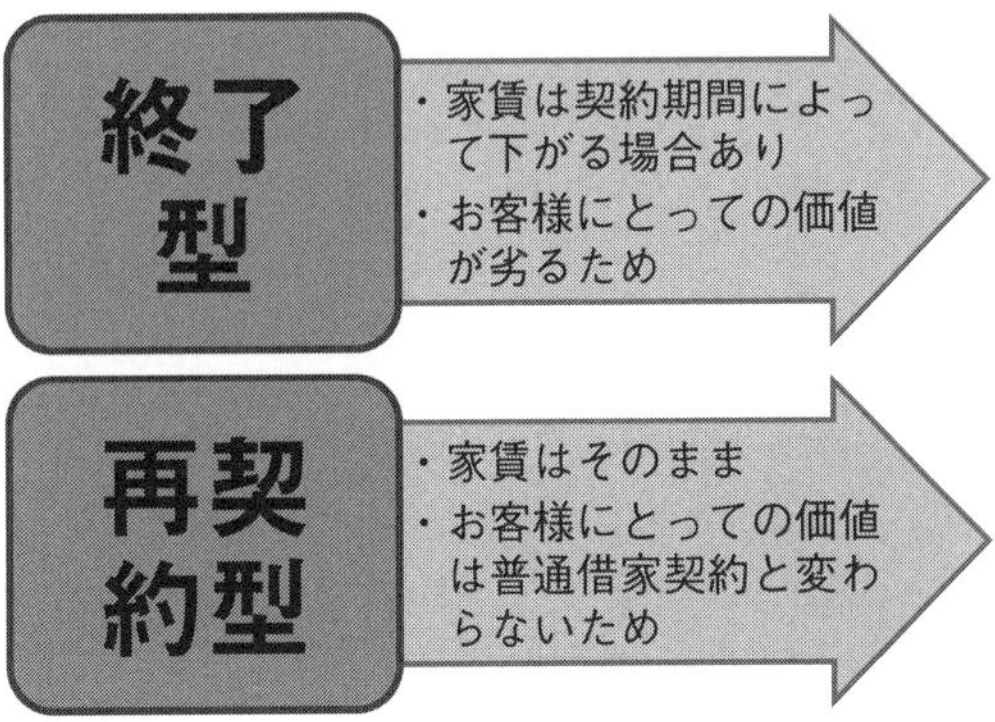

この誤解への対処法

家賃を下げないと募集できないという不動産業者には、「再契約型なので賃料の滞納や他の入居者への迷惑行為がなければ原則として再契約する意思がある」ということを明確に伝えることです。お客様には不動産業者からその旨を伝えてもらいます。募集チラシにその旨を示しても良いでしょう。

③定期借家契約は面倒

まず、後の章で述べるように、大家さんにとって面倒なことは非常に少ないです。面倒というのは不動産業者にとっては、多少はあるかもしれません。事前説明書面の作成や代理での説明、終了通知の管理と送付等、普通借家契約に比べて作業が増えて責任も増します。しかし、これも後で述べるようにフォーマットに従ってやれば簡単なのです。**要は慣れの問題**です。

この誤解への対処法

この場合の対処というのは、ほとんどの場合は大家さん側の不動産業者を相手としての対処ということになります。これは今までの2つの対処と比べて若干難しいです。大家さんが不動産業者に対して定期借家契約は面倒ではないと説くと、プロであるはずの不動産業者は嫌がります（このあたりの不動産業者との付き合い方についての解説は拙書「大家さんのための客付力」に詳細に書きましたので、そちらを参照してください）。

ではどうすれば良いかということですが、基本は「お願いする」ということになります。また、インセンティブ（特典）を与えるのも良いでしょう。広告料は当然のことながらそれにプラスして担当者への謝礼などです。また、他の賃貸条件を緩和して**不動産業者が客付けしやすいように**誘導する方法もあります。敷金・礼金を下げたり、日割り賃料のおまけ（フリーレント）などです。客付けしやすい（＝売上が上げやすい）物件であれば、積極的に営業してくれるのです。また、そうしたインセンティブがなくても後で解説する「物件力」があれば、不動産業者は取り扱ってくれるでしょう。

以上、定期借家契約にまつわる誤解とその対処法を解説しました。いずれも決して難しいことではないとわかったはずです。では次章からは具体的な始め方に入っていきます。

Column

「住宅に関する仕事」は神様から与えられたもの

私が不動産業界に飛び込んでから約20年になります。不動産とは人が生活をしていくうえで必要となる「衣食住」の「住」の分野です。この「住」にかかわる仕事はどんな人にとってもなくてはならないものを取り扱うにもかかわらず、何か軽んじられている気がしてなりません。かつてダーティーな部分があったからでしょうか。不動産業者も大家さんも重要な仕事を担っているという意識を持ち、もっと自信を持ち、堂々として良いのではないかと思います。欧米では不動産業に就く人は尊敬されているそうです。日本では聞いたことがありませんね。

これからの日本の不動産業界向上のためには、大手不動産会社を中心にして横行している両手取引のための情報の囲い込み等を今すぐやめるべきです。上場企業である大手不動産会社が売上げのためにそろって「その物件には話が入っています」とか「まだ図面を

作っていません」などと白々しいうそをついて他社の客付けを妨害している現状、そういったことがまかり通っている日本の不動産業界は、世界の笑いものでしょう。売主様はそういったことを知らない方がほとんどです。売りと買いのタイミングを不動産業者の利益のために逃していることになります（追記：現在は囲い込み対策ができましたが、十分とはいえません）。

２０１４（平成26）年から、国土交通省が中心となって中古住宅流通のための施策を本気になって考えるようになりました。また、全国の空き家が８２０万戸ということも人々に衝撃を与えました。日本の総人口も減少に転じています。日本の〝住〟が変わらざるをえない状況になってきています。そんな今だからこそ、不動産業界は意識を変えて消費者利益を最優先していかなければならないのではないでしょうか。

私はこの仕事を神様から与えられたものだと考えています。それくらいに思わないと情熱を持って20年も続けられません。これからも微力ながら不動産業を通じて日本の住まいを良好にすることができたらと思います。

第4章

大家さんのための定期借家契約の始め方

沖野 元

不動産業者の説得の流れ

本来は01の「定期借家契約の流れ」から始めたかったのですが、今まで述べてきたように不動産業者の抵抗にあう可能性が高いので、まずはその説得の流れについて解説することにします。左記の流れをご覧ください。

まず①のように、定期借家契約を導入すると決意するところからスタートします。次に②ですが、不動産業者を訪問する前に大家さん自身が定期借家契約についての正しい知識を得て、正しい理解をしていなければ説得できるものではありません。この点は本書を熟読していただければクリアされるでしょう。③からは管理委託している場合と自主管理の場合で次のように変わってきます。

管理委託している場合

管理も一般的な管理委託とサブリースで分かれます。まずはすでにサブリースにしている場合ですが、通常サブリースの場合の更新料は管理会社に入るため、定期借家契約にす

不動産業者の説得の流れ

①定期借家契約導入の決意をする

↓

②定期借家契約を正しく理解する

↓

③不動産業者を訪問し、導入について伝える

↓

④業者を説得する

↓

⑤導入の流れについて相談する

↓

⑥導入

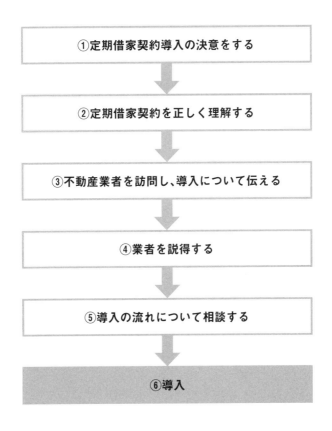

るとそれがなくなります。もちろん再契約料や仲介手数料という形に変わるだけになりますが、システムの変更を伴う場合は特に抵抗されることが予想されます。また、サブリース業者には借地借家法により「将来に向かって建物の借賃の額の増減を請求することができる」（借地借家法32条）ということを許されています。したがって、たとえば2年契約の賃貸借契約であれば、2年ごとに家賃減額交渉が行われる可能性があります。定期借家契約は、その契約期間中に家賃を固定させることができるため、その理屈がわかっている管理会社には敬遠されるのです。サブリースで新規の場合はまだ可能性がありますが、すでに契約中の場合は無理せず時を待つのが良いでしょう。

一般的な管理委託の場合も基本的にはサブリースと同様ですが、サブリースよりは説得しやすいかと思います。自主管理で専任媒介にしている場合も同様です。いずれにしても管理を委託している場合はあせらず、粘り強く定期借家契約導入の意思を伝えていくしかありません。

自主管理で一般媒介にしている場合

一般媒介で複数の不動産業者に媒介を依頼している場合は、まだ管理委託の場合よりも定期借家契約の導入はしやすいでしょう。この場合は1社ずつ業者を訪問して話をしていくことになります。

一番肝心な④の説得ですが、まず定期借家契約を導入したいという旨を伝え、なぜ導入したいのかという理由を話します。このときに重要なことは、変にごまかさず、率直に話すことです。また、ここでは自分だけのメリットを話さないことです。「良好な住環境の維持」という言葉をもって、借主にとってメリットがあるものであるということを熱意を込めて話すことです。先方が承諾しない場合は、無理をせず他の業者をあたります。承諾すれば、⑤の相談に入ります。募集図面やポータルサイトにどのように表示するかなどを次のポイントを参考にしながら打ち合わせをしてください。

募集図面への表示

ただ単に「定期借家契約」という表示のみではなく、「再契約型」なのか「終了型」なのかを明確に表示してください。「契約期間」も一緒に明示します。そして定期借家契約とはどういうものかや借主側のメリットなどを簡単な文章にまとめて記載できればベストでしょう。左記の表示例を参考にしてください。

定期借家契約の入居者様のメリット

この物件は○年間の定期借家契約です。

入居者様は通常、お引越しをして生活を始めなければ物件の状況はわかりません。たとえば、お隣に"契約を守れない方"(夜中に騒ぐ・共用部分を汚す等)が入居していることもあり得ます。

この物件では、契約を守れない方とは再契約しません(契約期間が満了したら退去していただきます)。これによって物件全体の環境が良好に保たれます。契約を守る方にとっては住み心地の良い物件になります。

※上記の定期借家契約の年数は適宜変更するなりして、ご使用ください。

ポータルサイトへの表示

ホームズ、スーモ、アットホームの3大サイトには、定期借家契約のチェック欄がありますが、その表示が現在のところ十分ではありません。ただ単に当該物件が定期借家契約か否かという表示しかできないようになっているのです。したがって、先の募集図面への表示と同様に「再契約型」なのか「終了型」なのかという旨を備考欄などで補足すると良いでしょう。

定期借家契約の場合の家賃設定

これは普通借家契約と比較した場合に検討するものとして、次の2つを基準に考えると良いでしょう。

1 契約期間の長短

2 再契約の有無

普通借家契約の場合の契約期間は一般的には2年間が多いです。したがって、2年未満の契約期間ではお客様にはデメリットと映るでしょう。逆に2年間か、それよりも長い場合は家賃値下げの要因とはなりにくいということになります。

再契約の有無は、お客様に与える価値に大きな差が出てくるため、家賃設定は変わってきます。つまり、「終了型」では契約期間によりますが、お客様は価値を見出しにくいということです。したがって、その分が家賃の減額要因になります。一方で「再契約型」であれば、普通借家契約と比べて家賃を減額する必要はありません。

再契約型で2年以上の定期借家契約では、家賃減額の必要はありません

Column

「物件力」を高めれば「客付力」も自ずと高まる

定期借家契約を導入しようとするときに不動産業者が「イエス」と言わざるを得ない状況を作ることが重要です。要するに不動産業者が「この物件なら定期借家契約にしても決まるだろう」と思わせるだけの「物件力」が大事だということなのです。

繰り返しますが、普通借家契約でも定期借家契約でもお客様が気に入る物件で、すぐに成約になる物件であれば、不動産業者も定期借家契約での契約に重い腰を上げるのにやぶさかではないということになります。

その「物件力」の元は「企画力」です。企画とは、どのような立地にどのような物件を建てるか、または買うか、ターゲットをどこにもってくるか、そのためにどのような間取りにするか、内装にするかといったものになります。その企画が成功すると非常に客付けがしやすい物件となります。それが「物件力」です。

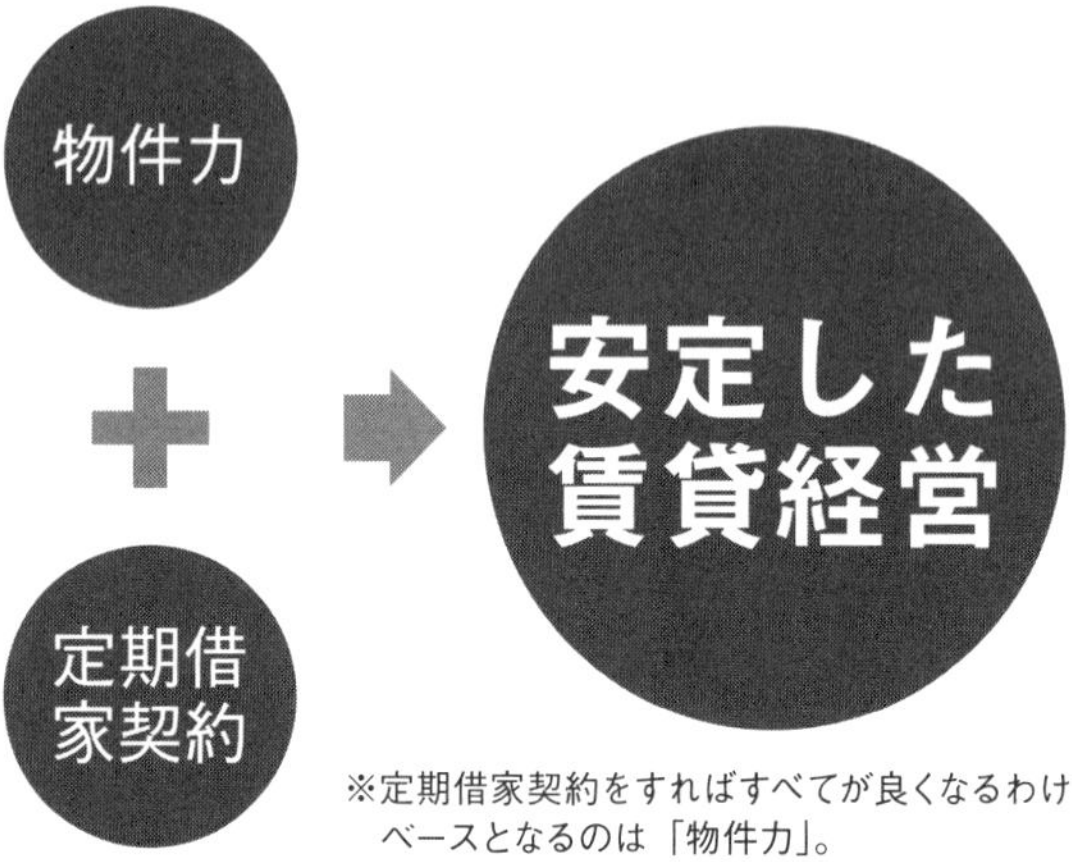

※定期借家契約をすればすべてが良くなるわけではない。
ベースとなるのは「物件力」。

逆に企画が失敗した物件は、客付けに苦労します。新築時はまだ良いとしても、その後は空室のたびに埋めるのが大変になります。このような物件力のない物件では、大家さんが定期借家契約を導入したいと希望したとしても、不動産業者は否定的にならざるを得ないでしょう。

　このように物件力の有無が定期借家契約導入に際して影響することは、覚えておいてください。自分の物件の物件力がないと思ったら、定期借家契約を導入する前にまずはその物件力を上げることを行いましょうということです。

01

定期借家契約の流れ

定期借家契約の流れは巻頭の口絵でもご案内しましたが、再度左の図をご覧ください。

定期借家契約の流れ

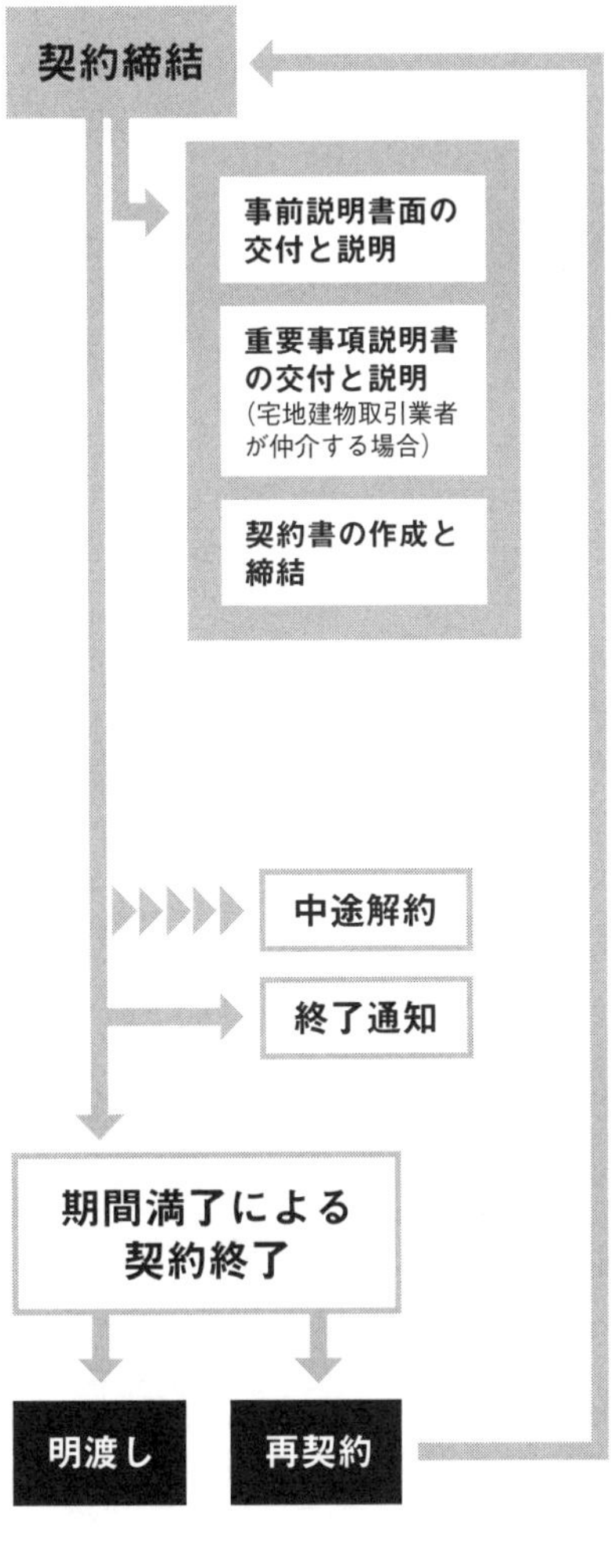

大まかな流れを見ていきましょう。まず契約締結時ですが、不動産業者を通す場合は「事前説明書面の交付と説明」を不動産業者に代理してもらうのが一般的です。業者を通さない場合は、事前説明書面と契約書を大家さん自らが作成し、事前説明書面の説明をしなければなりません。ここでの注意点としては、**事前説明書面の交付と説明は契約締結前に行う**ということです。書類の作成については、巻末にある書式集を参考にしてください。

中途解約についてですが、先に見たように定期借家契約では床面積が200㎡未満のものについては、家族の介護などやむを得ない場合に中途解約ができるとし、またそれ以外に特約がある場合には、その特約に従うとしています。実務のうえでは、借主からの解約は特約を設けて普通借家契約と同様に1ヶ月〜2ヶ月前に解約できるということにすることが多いです。

忘れてはならないのが終了通知です。定期借家契約では、1年以上の契約だと期間満了の1年前から6ヶ月前までの間に終了通知を送らなければなりません。管理委託をしている場合は、不動産業者がパソコンでその時期を管理していて、通知してくれるので心配はないでしょう。その点、自主管理の場合はしっかりとカレンダーや手帳、パソコン等で管理しないといけません。万一その時期に通知ができなかった場合は、その後通知をしてから6ヶ月後が契約終了の時期となります。ここでのポイントは、その終了通知に再契約の意思の有無を記載しておくことです。こちらも巻末の終了通知の見本を参照してください。

続いて期間満了による契約終了は、図のように2つに分かれます。明渡しの場合は、普通借家契約と変わらない処理で、そのまま終了通知を送るだけになります。再契約の場合は、終了通知を送ると同時に貸主として再契約の意思を伝え、借主からもそれを受けて再契約するかどうかを確認しておきます。気をつけていただきたいのは、定期借家契約の再契約は普通借家契約の更新とは違うということです。定期借家契約では期間満了で契約はいったん終了するのです。ですから再契約というのは、言葉には「再」と付いていますが、**新たな契約**となるわけです。ということは、先ほどの定期借家契約の流れの図にもあるように、**契約締結に伴う作業を再度行う必要がある**ということになります。事前説明書面の交付と説明や不動産業者に任せる場合は、重要事項説明書の交付と説明、そして契約書の作成と締結まできっちりと行うことになります。補足ですが、東京都内の居住用物件の賃貸借契約の場合は、東京都賃貸紛争防止条例（東京ルール）の説明と書面の交付も義務付けられています。これは、不動産業者が間に入って再契約する場合は、重要事項説明と同様にその都度必要となります。また、**連帯保証人を付けている場合は、連帯保証承諾書も再度取る必要があります。**

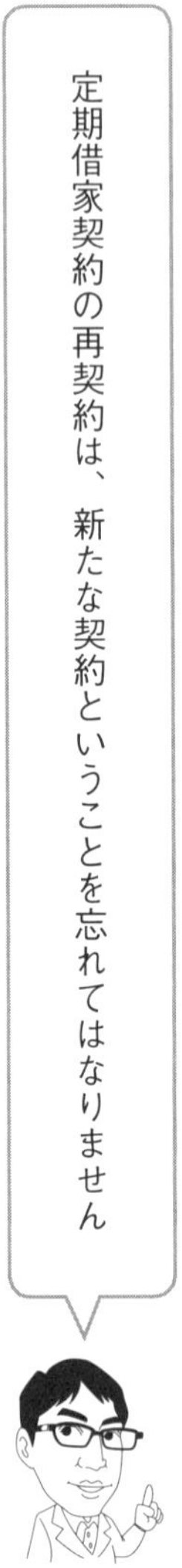
定期借家契約の再契約は、新たな契約ということを忘れてはなりません

02

事前説明書面の意味

定期借家契約の事前説明書面は、「本契約が定期借家契約である」ということを借主に意識させることを目的に交付するということになります。繰り返しますが、**事前説明書面の交付と説明は必ず契約の前に行わなければなりません**。その後は不動産業者を通す場合は、重要事項説明、そして契約といった流れになります。重要事項説明書にも契約書にも定期借家契約である旨の記載はあるのですが、それでも事前説明書面で説明する必要があるということです。これは、「これから行う契約は定期借家契約です」という宣言のようなものです。

それではここで、事前説明書面の3つの成立要件について確認しておくことにします。

1　**完全に独立した書面であること**（契約書や重要事項説明書とは別の書面として作成する必要があります）

2　**交付すること**

3　**説明し、理解してもらうこと**

以上が事前説明書面の成立要件ですが、ここでいくつか付け加えておきたいことがあります。ひとつは先述したように**契約前に説明すること**、もうひとつは説明後、理解してもらったことを確認のうえ、その書面に**日付と署名捺印をいただくこと**です。これは、巻末の資料集を見ていただければわかりますが、署名捺印欄が下部にありますので、そのような書面を使えば問題はありません。

03

重要事項説明書・契約書はどうなるのか

不動産業者を通して契約を締結する場合は、必ず重要事項説明書の交付と説明を行わなければなりません。この重要事項説明書にも定期借家契約であるという旨の記載があるため、大家さんも控えをもらっておくと良いでしょう。

契約書は巻末の資料集にそのひな形がありますので、そちらを適宜変更するなりしてご利用ください。また、不動産業者が間に入る場合は事前に（契約前に）、契約書を送ってもらい、確認するようにされると良いでしょう。

04

大家さんはどこをチェックすべきか

不動産業者が間に入るからといって、大家さんは安心していれば良いというものではありません。定期借家契約についてはそれに慣れている業者と慣れていない業者とに分かれます。また、いい加減な業者もいます。いざ裁判になったときに定期借家契約の成立要件を満たしていなかったということほど怖いことはありません。ですから、大家さんも慣れていない業者に任せる場合は、とくにそれぞれの書面を事前に送ってもらい、その内容をチェックする必要があります。事前説明書面、重要事項説明書、契約書はそれぞれ巻末資料をご覧になって、それらと比較してご確認ください。

なお、定期借家契約をしたいという場合に、抵抗する業者は慣れていないことが予想されるため、避けたほうが良いでしょう。「多少難しいが、やってみましょう」と前向きに取り組んでくれる業者に頼むようにしましょう。

05

終了通知はどうするか

不動産業者に管理委託している場合は、終了通知は業者が送ることになります。ただ大家さんにもその写しは送ってもらうようにしてください。

自主管理の場合は、自分で終了通知の送付時期を管理しておく必要があります。この終了通知発送時期について、ここで確認しておきましょう。**1年未満の定期借家契約では、終了通知は必要ありません。1年以上の場合に必要となり、期間満了の1年前から6ヶ月前までの間に終了通知を送らなければならない**ことになっています。

ただ、ぎりぎりに送ってはダメだということはなんとなくおわかりになるでしょう。たとえば、次のようなケースではいつ送るかということになります。

大家Aは借主Bと平成27年4月1日から平成29年3月31日までの2年間の定期借家契約を締結したとします。この場合大家Aは、平成28年4月1日から平成28年9月30日までの間に終了通知を送らなければなりません。送るというのは、先方に到達していなければならないと解釈してください。そうすると、郵送では数日かかることは必至なので、ぎりぎりだとダメだということになります。終了通知は余裕を持って出すようにしましょう。ちなみに私の会社では一律8ヶ月前に出すようにしています。

Topic

再契約型定期借家契約における契約書についての注意点

終了型にはない注意点が、再契約型にいくつかあります。次のポイントについて留意してください。

・再契約を契約書に明記することについて

契約書に「滞納や迷惑行為等の問題がなければ必ず再契約する」との文言を入れる人がいるとのお話を聞くことがあります。これは入れないほうが良いでしょう。なぜなら、このような文言は定期借家制度の主旨に反するだけでなく、貸主のリスクヘッジの機能も弱めてしまうからです。そのような契約はいざ裁判になった場合に、定期借家契約とは認定されない可能性があります。

・再契約可否基準の明記について

定期借家契約を再契約型で行う場合、大家さんによっては再契約可否（再契約が可能かどうか）の基準を契約書に明記される方がいらっしゃいます。たとえば、「3回滞納があったら再契約不可とする」とか、「騒音で近隣から3回苦情があったら再契約不可とする」などです。

確かにこのように明記すると借主にはわかりやすいかと思いますし、逆に明記されていない場合は、何をしたら再契約されないとなるのかがわかりにくいというのもうなずけます。このあたりは、不動産業者と相談して決められると良いでしょう。ちなみに私の会社では、具体的な数字は入れていませんが、今までそれで問題が起こったということはありません。

再契約における敷金・原状回復の取扱い

定期借家契約書約款

第17条　2　再契約をした場合は、第13条の規定は適用しない。ただし、本契約における原状回復の債務の履行については、再契約に係る賃貸借が終了する日までに行うこととし、敷金の返還については、明渡しがあったものとして第6条第3項に規定するところによる。

巻末の資料集にある国土交通省作成の定期借家契約書では、再契約における敷金の取扱いについて上記のようにされています。

ここでいう第13条とは、明渡し期日とその通知に関するものです。また、後半の第6条第3項とは、敷金に関する内容で、次ページのようにされています。

つまり、再契約の場合に敷金は明渡しが

定期借家契約約款　第6条第3項

甲は、本物件の明渡しがあったときは、遅滞なく、敷金の全額を無利息で乙に返還しなければならない。ただし、甲は、本物件の明渡し時に、賃料の滞納、第14条に規定する原状回復に要する費用の未払いその他の本契約から生じる乙の債務の不履行が存在する場合には、当該債務の額を敷金から差し引くことができる。

あったものとして返還する必要があるとなっています。しかし、そこで敷金を返還しても、再契約でまた敷金を預けてもらうことになりますので、実務上はそのままということになります。ただし、再契約において家賃の増減があれば、敷金もそれに合わせて増額分を預け入れてもらうか、または減額分を返還することになります。

再契約における原状回復の取扱いについても、先ほどの第17条第2項を再度ご覧ください。原状回復義務は再契約後に引き継がれるということになります。

なお、これらの再契約における敷金・原状回復の取扱いは、特約として記載する条項です。

Topic

再契約時のお金のやり取り

　再契約型定期借家契約で、再契約時にどのようなお金のやり取りを実際に行うのか、という点についてお話しておきたいと思います。一般的には再契約料という名目で新賃料の１ヶ月分を借主から受取り、それを貸主と不動産業者で折半することが多いです。ただ、業者によっては仲介手数料として借主から新賃料の１ヶ月分を受取り、貸主には配分なしとしていることもあります。また、再契約事務手数料を貸主または借主に別途請求する業者もいます。

　定期借家契約の再契約は、重要事項説明や保証会社の再契約手続、連帯保証人を付けている場合は保証人必要書類の取得が再度必要になるなど、不動産業者にとっては新規契約と同様の手間がかかるため、貸主はそのあたりの業者の手間を考慮して、再契約時の貸主配分を受け取らない（不動産業者に１００％取ってもらう）という配慮があれば、業者としても取り組みやすいかと思います。

07 居座られた時の対処法

定期借家契約で期間満了になったにもかかわらず、居座られることもあるかもしれません。そういう場合は、普通借家契約で居座られた時と同様の法的手続を踏むことになります。具体的には明渡訴訟、そして強制執行という流れになります。ただし、定期借家契約の場合は普通借家契約のように正当事由や立退き料は必要なく、比較的スムーズな決着になるようです。

また、余談ですが居座ったり、滞納したりする借主に腹を立てて借主が留守の時に勝手に鍵を交換したり、部屋の荷物を外に出すなどという行為は不法行為であり、絶対にしてはならないことです。日本は法治国家なので、法にしたがって、淡々と処理するようにしましょう。腹が立つのはわかりますが、感情的になってしまっては負けです。

08 入居者の持つ不安への対処法

入居者が定期借家契約について一番持つであろう不安は、「再契約されないのではないか」ということでしょう。

理解していただかなければならないのは、**ルールを守る入居者を追い出したい人は誰もいない**ということです。大家業とは、いかにして良い入居者に長く住んでいただくかがポイントになります。つまり、**ルールを守る入居者の再契約を拒否することは基本的にないということを明確に伝えることです。**定期借家契約で契約する意味は、入居者に良好な住環境のなかで暮らしていただくためです。ただし、注意しなければならないことは、再契約を約束することは間違いだということです。それは、定期借家契約の主旨に反します。ですから、「再契約予約型」や「再契約保証型」といった定期借家契約を聞くことがありますが、これらは真の意味の定期借家契約ではありません。万一訴訟になった場合に、定期借家契約と見なされないというリスクもありますので、注意が必要です。

Column

これからの不動産教育

なんだか大それたタイトルですが、単純なお話です。この不動産教育の意味には、一般的な不動産の教育という意味とプロ向けの不動産教育という意味の二通りがあります。

まず、一般的な不動産教育についてですが、多くの不動産に関するトラブルの原因として、学校で正しい不動産についての知識を教えてこなかったということがあると思います。「そんなもの学校で教える必要があるのか」という声が聞こえてきそうです。私はお金の正しい知識とともに不動産についての正しい知識を学校で教えるべきだという考えを持っています。それはおよそどんな人でも、その一生において不動産にかかわらない人はいないからです。ですからまずは義務教育の中で不動産の取引について教え、大学の教養課程にも不動産取引が加えられるべきだと思います。不動産の取引は複雑で、一歩間違えれば多額の損失が発生してしまいます。そういう意味でも大学の教養課程で学ぶ不動産の講義は役に立つに違いありません。ファイナンシャル教育の一部に組み入れても良いでしょう。

もうひとつのプロ向けの不動産教育とは、文字通り仕事で不動産を取り扱う人向けのものです。それらはもうすでに充実していると思われるでしょうか。私はまだまだと考えます。今年（平成27年）は折しも「宅地建物取引主任者」という名称が「宅地建物取引士」に変わる年となりました。「士」にふさわしい不動産の知識やコンプライアンスが必要となります。民間のさまざまな団体から資格制度が生まれてきているのは良い兆候だと思います。

プロ向けということで言えば、大学の専門課程でもっと不動産関連のものが増えてくることを期待したいですね。現在、日本では学部で言うと明海大学に不動産学部があるだけ、大学院では日本大学大学院理工学研究科に不動産科学専攻があるだけとなっています。対してアメリカでは、さまざまな大学や大学院での不動産関連コースが４００以上もあるそうです。これから日本の人口構成が大きく変わっていく時に、住まい方が多様化し、不動産の活用についてのイノベーションが求められています。不動産を学問として深く研究する人を育てることは、空き家を始めとするこれからの日本の不動産に関する諸問題を解決する一助になるのではないでしょうか。

Column

大家業の幸せな瞬間!!

『その行動は誰のためですか？』。多くの大家向けセミナーに参加していると、ここ数年こんな問いかけが増えてきました。私は自分のために行動することが、結果的に入居者さんに快適な住環境を提供することができ、幸せにできると考えています。

自分が人のために何ができるかと考える前に、まず自分が楽しむことが必要で、自分が幸せにならないと人を幸せなんかにはできません。私はサラリーマン時代、海外旅行関連の仕事をしてきました。お客様に旅を楽しんでもらうためには、まず自分がその仕事を楽しんで旅が好きになることも必要です。

入居者さんの笑顔、これほど幸せを感じることはありません。私の所有する物件は、学生寮を除いてはすべてファミリー物件です。こんなことを聞いたことがあります。人が生涯の中で（人生を振り返った際）一番幸せだったと思える時期は、自分の子どもが生まれた瞬間から、その子どもが10歳ぐらいになるまでの子育て期間だとか。

本当にそうだとしたら、入居者さんはその期間を私のアパートで過ごされるわけです。

ファミリー物件を経営している大家さんって幸せ者ですね。

賃貸ですから、いつか転勤やお子様の成長に合わせて引っ越して行かれます。このときほど、悲しく感じることはありません。将来、引っ越して行かれた入居者さんが過去を振り返った際、私のアパートで過ごされた日々が、家族で過ごした楽しかった思い出として、そこに数コマでもあったなら、大家業って最高に幸せじゃないですか!?

よく引っ越して行かれた方々から、年賀状などをいただくことがあります。そこには引越し先でのご家族の写真があります。うちのアパートで生まれ、小学校まで過ごされたお子さんが成長した姿を見ると、わが子のことのようにうれしくなります。

これからも頑張っていこうと思える瞬間です。

第5章

不動産業者のための定期借家契約導入のヒント

沖野　元

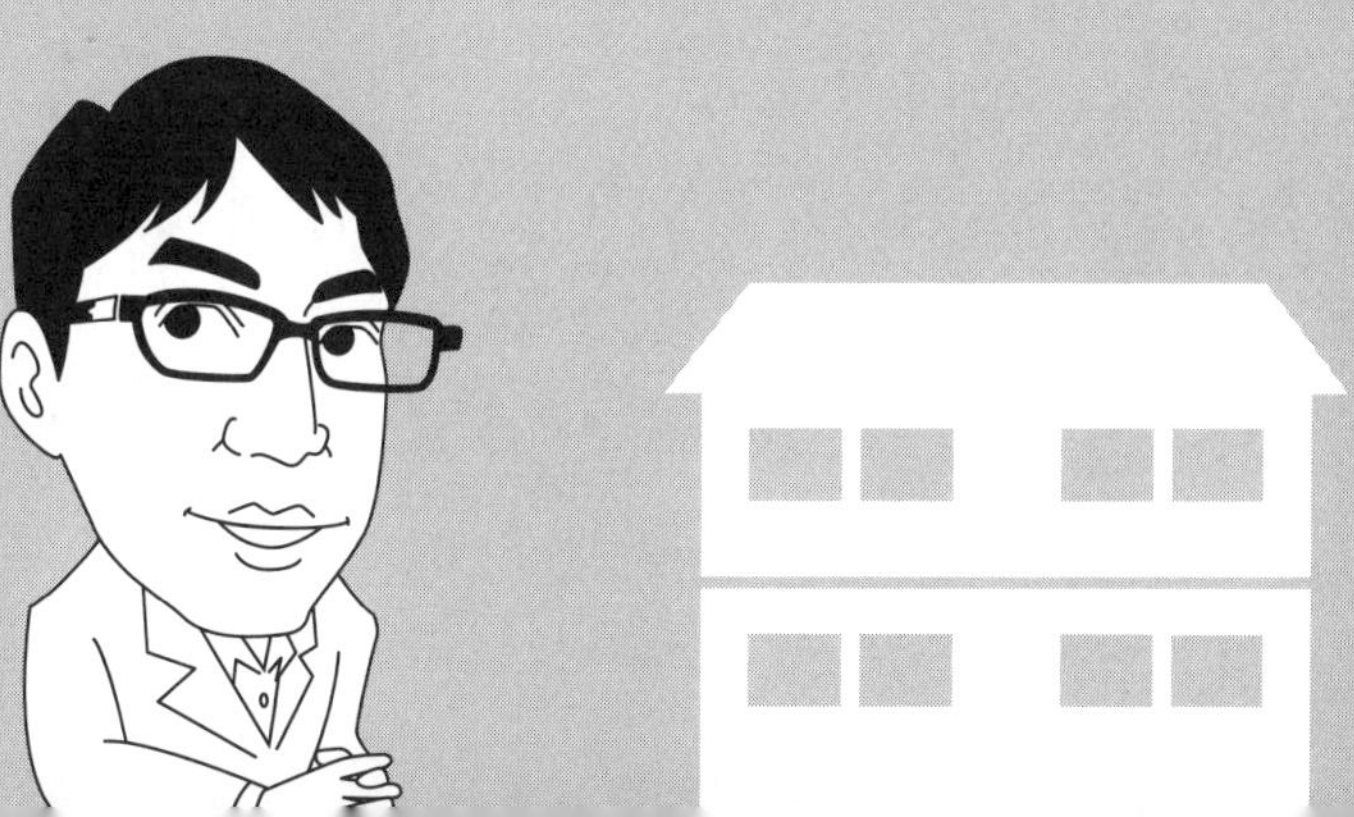

ここからは不動産業者による定期借家契約の導入のヒントが中心になりますが、もちろん大家さんが読んでもわかるように書きました。不動産業者にとって大家さんはビジネスパートナーであり、お客様でもあります。そうであれば、お客様である大家さんが定期借家契約を導入したいというニーズがあれば、それに対応することも必要でしょう。また、手間がかかるとしても大家さんにとって大きなメリットのある定期借家契約を自ら導入することは、大家さんから信頼を得るきっかけとなります。ですから定期借家契約の方法を知っておいて損はないどころか、大いにプラスになるでしょう。ただし、正しい知識を得て、正しい方法で行うことが重要になります。もしも間違った方法でやってしまい裁判沙汰になった場合には責任を取らされることにもなりかねません。本書で正しい方法を理解してください。ここでは、その導入にあたってのヒントとなるようなものをまとめてみました。

01

募集図面への記載方法とお客様への説明

まず定期借家契約を行う物件については募集図面にその旨を記載しなければなりません。ポータルサイト等のインターネット広告も同様に表示が必要です。募集図面には、再契約型か否かの表示は必ずしてください。定期借家契約とだけ表示すると、お客様は2年契約であれば2年で退去しなければならないという認識しか持ちません。問題なく住んでもらえれば再契約できるということを明記することによって、お客様に安心して契約していただけることをアピールできます。ポータルサイトについては、備考欄などで再契約型か否かの補足説明を入れるようにすると良いでしょう。

お客様で定期借家契約のことを正確に理解している方は少数です。そこはプロである不動産業者が教えてあげる必要があります。このときの説明で定期借家契約の基本的な要素の他に、再契約型か否かの旨も含めます。

02

事前説明書面と契約書の注意事項

事前説明書面の注意事項は、次の3つがあります。

・要件を満たした書面か
・重要事項説明書や契約書とは別の（分かれた）書面か
・契約の前に説明と交付を行ったか

定期借家契約にはいくつかの注意事項があり、要件を満たしていないと普通借家契約になってしまいます。事前説明書面は必ず重要事項説明書や契約書とは別の書面にしなくてはなりません。重要事項説明書と一体になっていたという話を聞いたことがありますが、これでは要件を満たしたとはいえません。さらに事前説明書面は契約「前」に交付し、説明する必要があります。くれぐれも契約後にならないよう注意してください。

定期借家契約の場合の契約書は、普通借家契約の書式とは違います。必ず本契約が定期借家契約であり、期間満了で終了するという旨の文言を入れます。

03 再契約型定期借家契約とは

繰り返しますが、定期借家契約には「期間満了で契約が終了し、再契約のないもの」(「終了型」と呼びます)と問題のない借主であれば再契約していく「再契約型」とがあります。前者は取り壊し予定だったり、貸主またはその関係者が使用する予定があったりしょうか。後者は、定期借家契約を導入しているほとんどの物件が対象になるのではないでしょうか。当該物件がどちらであるかということを理解していないといけません。また、「終了型」はもちろんのこと、**「再契約型」であったとしても期間満了に伴う終了通知の送付は必要**となります。

再契約型の定期借家契約とは、大家さんが最初からルールを守る入居者であれば、いつまでも借りていただきたいという意思があるもののことです。

Topic

再契約型定期借家契約におけるクレームの抑止効果

再契約型定期借家契約を管理物件で行うようになってから、気付いたことがあります。それは定期借家契約を行った借主からは理不尽なクレームがほぼ無いということです。これはうれしい誤算でした。私の会社では定期借家契約を中心に管理している物件もあれば、普通借家契約で管理している物件もあります。定借の物件についてはクレームのようなものはほぼ皆無なのです。一方で普通借家契約ではやはりいろいろと言ってくる人はいます。

再契約型定期借家契約においては何か問題があった場合は再契約しないというルールがクレームを抑止しているということです。これは、貸主と借主が対等な立場に立つ定期借家契約だからこその効果だと思います。

また、貸主だけでなく管理会社にとっても、クレーム産業と呼ばれるほどの管理業務が楽になることは間違いありません。このように再契約型定期借家契約にはクレームの抑止効果があることが経験上わかっています。

04

普通借家契約からの切り替えの方法

すでに普通借家契約で締結した契約でも貸主と借主が合意すれば、定期借家契約へ切り替えるということができます。ただし、**定期借家制度ができて以後になされた初めての契約であること**が条件です。つまり、平成12年3月1日より前の賃貸借契約は、たとえ合意したとしても切り替えることができません。ただし、**これは「居住用建物」の賃貸借契約であり、「事業用建物」の賃貸借契約は契約時期にかかわらず合意により定期借家契約への切り替えをすることができます。**

◆期間限定◆読者限定の 特別プレゼント!

「物件力を付けるための特別レポート」

誰も教えてくれない
大家さんのための物件力を付ける秘策を
沖野元がわかりやすく解説。

このレポートを読むと…

★物件の魅力を引き出す方法がわかる！
★物件の強みと弱みがわかり、
　効果的な空室対策ができる！
★インターネット時代にふさわしい
　物件の見せ方がわかる！

携帯電話・スマートフォンはQRコードからアクセス
http://bit.ly/2LfkpwU

**物件力を付けたいという方は
今すぐこちらにアクセスしてください！**

沖野　元

※この無料プレゼントは期間限定のため、いつまで続けられるか、わかりません。
　お申込みはお早めにお願いします。
※プレゼントに応募する際に賃貸経営についてのセミナー情報などお得な情報が無料で届く「知識は力なり公式メールマガジン」に登録させていただきます。

裏面にもさらなるプレゼントがあります！◆◆◆◆

期間限定 5,000円相当が

読者限定 → 完全無料!

✻定期借家動画プレゼント✻

2015年に本書の元となる「賃貸の新しい夜明け」が発売されました。今回の動画はその出版記念として八重洲ブックセンターで講演したものです。

八重洲ブックセンター講演会

詳細は今すぐ
http://www.leasingjapan.com/dvd/yoake/
携帯電話・スマートフォンはQRコードからアクセス

※本プレゼントは、インターネットでご視聴いただくものです。CDやDVDなどのメディア、メールへの添付にてお送りするものではございません。あらかじめご了承ください。
※この無料プレゼントは期間限定のため、いつまで続けられるか、わかりません。
お申込みはお早めにお願いします。
※プレゼントに応募する際に賃貸経営についてのセミナー情報などお得な情報が無料で届く「知識は力なり公式メールマガジン」に登録させていただきます。

05 居住用建物と事業用建物の違い

居住用建物とは、事業専用で使っている建物以外の建物のことで、事業用建物とは、事業専用で使っている建物のことになります。ここでは「専用」という言葉に注目してください。**事業専用ということは、建物すべてが事業用として使われているもののことです。少しでも居住用の部分が含まれていれば、それは居住用建物とされる**わけです。

そして、この居住用建物か事業用建物かということは、次の２つの点で違いが出てきます。

・居住用建物の定期借家契約では、中途解約の特約がない場合でも、次に該当するものであれば借主からの中途解約が認められることがあります。「２００㎡未満で、借主に転勤や療養、親族の介護等のやむを得ない事情により、借主がその物件を自己の生活の本拠として使用することが困難になった場合」。この場合には、借主が解約の申入れをしてから1ヶ月後に契約は終了します。

・居住用建物では、平成12年3月1日以降に締結した普通借家契約を合意のうえで終了させ、定期借家契約に切り替えることができます。事業用建物では、いつ契約した普通借家契約でも合意のうえで、定期借家契約への切り替えが可能です。

不動産業者も変化を恐れず、定期借家契約に対応していきましょう

Column

賃貸市場変革の波は建築系の人たちから

私は大学院での研究を通して、多くの建築系の業者と知り合う機会がありました。そこではたくさんの学びを得ることができましたが、彼らから一般の不動産業者に対するあまり良くない評判（経済優先で景観を考えないなど）を頻繁に聞いたことは、不動産業界に身をおく者として非常に残念なことでした。彼らから見ると一般の不動産業者のやっていることに「イラつく」ようです。逆に不動産業者から見て建築系業者の「作品作り」に「イラついた」ことは私に限らず、不動産業者の誰もが経験があるのではないかと思います。両者の齟齬はどこから生まれるのでしょうか。それは、両者の視点の違いによるものではないかと思います。

建築系の業者の人たちからは、「住まい手の気持ちをつかむ」ということ、そして、「美しさやカッコ良さを生み出す」ことを学びました。もちろんこれらのことは不動産業者でもやっているところもあるでしょう。

事業を作るのは不動産業者が得意ですが、住まい手の気持ちをつかみ、感性を活かした物件を作るのはやはり建築系の業者のほうが優れているように感じます。重要なことは、両者がお互いのことを学ぶことであると思います。これからの不動産事業には、建築系業者の感性も重要で、不動産業者の事業性も重要です。この両方がうまく融合することによって良い物件ができるのではないでしょうか。

最近、建築系業者が不動産業者免許を取得し、建築から不動産までのワンストップサービスを掲げるようになりました。こうしたサービスは特に中古物件のリノベーションでは力を発揮するでしょう。また、そうした建築系の業者のチャレンジから賃貸市場でのイノベーションが生まれる気配を感じるのです。

第6章

大家業は素敵な物語でできている!!

林浩一

定期借家契約がもたらす快適な住環境。

これは、小さな木造アパートに住む、めちゃくちゃ素敵な入居者さんとの物語です。

大家さんは入居者さんの人生の思い出づくりをお手伝いしています。常によりよい住環境を提供することで、入居者さんからもたくさんの感動や喜びをもらっています。誰かの役に立ち、誰かをとびっきりの笑顔にすることができる。自分にとって最高の幸せを感じる瞬間だと思います。大家さんって、それを感じることができちゃうんです。

人の心って、きっと人でしか豊かになれないものだと思います。

STORY 01

大家さん、今帰ってきました。こんどは元気な男の子です!!

大阪から転勤で来られた素敵なAさんファミリー。30代前半のご夫妻で、まだよちよち歩きの可愛いい女の子と引っ越して来られました。東京都内の某大手会社にお勤めで、その法人との定期借家契約を結びました。このファミリーも、大手ポータルサイトで駅から徒歩圏内の物件を検索し、多くの内見をしたみたいですが、結局気に入ったお部屋がなく、最終的に検索基本条件の徒歩圏をはずしてみたところ、初めてバス便立地のWilshireが出てきたと話していました。それですぐに内見に来られ成約に結び付きました。

ご夫妻は旅行が好きで、毎年お休みに屋久島やグアムなどに行かれた際は、必ずお土産を買ってきてくれます。

私の携帯には毎回「大家さん〜Aです。お土産買ってきたので、今から届けに行ってもいいですか?」と、うれしい電話がかかってきます。

夏の炎天下、私がアパートの共用廊下やエントランスなどを掃除をしていると、

「大家さん〜お疲れ様です。いつもきれいにしていただいてありがとうございます。ちゃんと水分取らないと倒れちゃいますよ」と、ギンギンに冷えたミネラルウォーターを差し入れてくれたりします。自分の子どもたちに歳も近いせいか、こんなことでもウルウルきてしまいます。

そんな素敵なAさんファミリーから、ある日めちゃくちゃうれしそうな声で、私の携帯に電話がかかってきました。

「大家さん〜Aです。今、戻ってきました‼」

実は、奥様が2人目のお子さんを出産し、Wilshire に戻ってきてすぐに、私に電話をかけてくれたのです。

「Aさん、こんどは男の子？　女の子？」

そこにはまるで、自分の子どもが（年齢的には孫かな？）生まれたかのように、涙をこぼして喜んでる自分がいたのです。

「大家さん、こんどは元気な男の子です」

「おめでとう‼　良かった」

また1人、素敵な Wilshire ファミリーが増えた、うれしい瞬間でした。

男の子が生まれ4人家族となったＡさんファミリー

先日、Ａさんファミリーは、定期借家契約を再契約した後に、急な転勤で新潟に引っ越していかれました。初め奥様は、せっかく横浜での生活にも慣れ、仲の良いママ友もできたばかりだったので、引っ越したくはないとおっしゃっていました。子どもたちと一緒にWilshireに残ろうか悩んでいましたが、下の子が生まれたばかりでしたし、ご主人１人で新潟に単身赴任はたいへんだろうと、家族みんなでの引越しを決断されました。

退去日に挨拶に来られ、「大家さん、短い間でしたが、ありがとうございました。Wilshireで過ごした数年間、ファミリーも増え思い出深い楽しい日々を過ごすことができました。いつかまた転勤で横浜に戻ってこられるようなことがあったら、ぜひまたWilshireに住みたいと思っています。その時はまた宜しくお願いします。タイミングよくお部屋が空いていたらいいな〜」と。戻ってきたらまた住みたいと、大家にとって最高にうれしいメッセージを最後に残していかれました。こんな素敵なAさんファミリーに出会えて最高に幸せです。

Aさん、またいつか会える日を楽しみにお待ちしています。

Column

トイレの中は多くのひらめきであふれている!!

Wilshireではトイレを『ひらめきルーム』と呼んでいます。入居者さんはトイレの中で何かをひらめいた瞬間、チョークボードペイント（黒板塗料）で塗った収納棚の扉に備え付けのチョークで、ひらめきを書きとめることができます。その他にも備忘録としても使えますね。

オレンジ色のチョークボードペイント・
収納棚の扉を開けると中にチョークが!!

お風呂の中、ふとんの中、トイレの中など、脳がリラックスしている場所では、よくアイデアが突然、舞い降りてくるなどといわれています。ひらめきは、あまりにも突然やってくるので、すぐに忘れてしまうことがよくあります。

そんな経験、皆さんもあるのではないでしょうか。

お客様のお部屋選びの大きなポイントの1つに水廻りがあります。そのなかでもトイレのプチリノベは、費用対効果もありおススメです。狭い空間の壁の一面をペイントしたり、壁紙を変えるだけで、かなり印象も変わってきます。トイレットペーパーホルダーやタオル掛けを変えたりするだけでも、費用も比較的安くインパクトのある個性的なトイレに生まれ変わります。

Before

After

STORY 02

写真を一緒に撮らせてください!!

YouTubeでWilshireを見つけてくれたBさんファミリー。

Bさんファミリーは、もともとは横浜の方でしたが、転勤で大阪に住まわれていました。また横浜に戻ることになり、ポータルサイトで住まいを探しながら住みたい街の情報をYouTubeで検索していたところ、私の作成したWilshire five seasonsの入居者募集動画をたまたま見つけてくれたのです。

当時、私はWilshireの入居者募集動画を作成してYouTubeにUPしていました。Bさんファミリーは、YouTubeでも物件探しができるんだとびっくりしたそうです。すぐに連絡をいただき、大阪から2週にわたり仕事が休みの日に、内見に来られました。今年(平成30年)で、2年間の定期借家契約をもうすでに3度、再契約していただいています。

引っ越して来られたときは、まだ赤ちゃんだった娘さんも、今では元気に幼稚園に通っています。ある日、私がWilshireの花壇に春の季節の花を植えていると、入園式を終えてBさんファミリーが帰ってきました。

「今日は入園式おめでとうございます。娘さん制服着てうれしそうですね』と私が話しかけると、娘さんは恥ずかしそうに照れ笑いして、お母さんの後ろに隠れてしまいました。ご主人がカメラを持っていたので、「エントランスでご家族の記念写真を撮りましょうか?」と持ちかけました。

娘さんが入園式の日にご家族で撮ったWilshireでの写真を、将来大きくなって見た時に、ここでの生活を憶えていてくれるだろうか? なんて思いながらご主人からカメラをあずかりシャッターを押しました。数枚、ご家族の写真を撮ったあと、ご主人にカメラを返すと、「大家さん、娘と一緒に写真を撮らせてください」

一瞬、意味がわからず聞き返してしまいました。入居者さんから「大家さんも一緒に」って言われたのが初めてだったので、うれしいような恥ずかしいような、こんな気持ちになれるって大家って本当に幸せです。

なんとBさんファミリーに最近、男の子が生まれました。娘さんも今では弟の面倒見の良い素敵なお姉ちゃんです。もっともっと多くの思い出をつくってくださいね。

Column

初めてのカスタマイズ

今でこそよく見かける好きな壁紙が選べるカスタマイズ賃貸。

バブル期竣工の軽量鉄骨アパートに4年間住んだ入居者さんが退去することになりました。壁紙を扱う業者さんに知人がいたこともあり、次の入居者さんが決まった時点で、好きな壁紙を選んでもらうことにしました。私の物件で初めて入居者さんが壁紙を選んだ、今でいうちょっとした「カスタマイズ賃貸」です。確か約8種類の中から選んでもらったと記憶しています。当時は、今みたいに壁紙の種類も少なく、そんななかでも新しい入居者さんが女性だったこともあり、うすいピンク系に花がプリントしてある2種類の壁紙を3DKの2部屋に貼りました。

値段は覚えていませんが、一般住宅用の物を使いました。最近では国産の物から輸入物まで多くの中から選べるので、賃貸も楽しくなってきました。

今では空室が出ると、お部屋のどこかしら壁紙を変えたり、ペイントしたり、テーブルや小物を置いてステージングなどもして楽しんでいます。

たまに業者さんの中に、賃貸の壁が白いのは日本だけみたいな言い方をしている方がいますが、そんなことはないです。海外でも私が知る限り、けっこう白い壁のお部屋は多かったです。まあ、私が仕事で行った国々は東南アジアの都市やリゾート地が多かったからかもしれませんが。

日本では、賃貸住宅に自分でお金を出してカスタマイズするという習慣がなかったことから（原状回復義務条項も影響が大きいですが）、大家さんがその費用を出すという流れが当然のようにできてしまっています。管理会社さんも、空室が出ると大家さんにアクセントクロスなどの提案をしてきます。費用を入居者負担としている管理会社さんもいますが、多くは大家さん側が負担しているのが現状です。

供給過多で空室率が年々上がってきている昨今では、特にその傾向にあります。でも本来、海外を見てもそうですが、自分の住む住居において、それが賃貸であっても、自分好みにお部屋を変えて生活を楽しみたいのなら、自分のお金でカスタマイズすべきです。そのほうが入居者さんも愛着がわき、長く住めるんじゃないでしょうか。

国土交通省が勧めるＤＩＹ型賃貸借についての契約書式例やガイドブックも公表され、

民間と連携して安全なＤＩＹのためのガイドラインもリリースされたため、これからは入居者さん自らがＤＩＹできる賃貸借住宅も増えていくことでしょう。
＊「ＤＩＹ型賃貸借」については、第7章２０３ページの「ＴＯＰＩＣＳ」にも紹介しているので参考にしてください。

STORY 03

住まい探しの旅、そろそろ終わりにしませんか？

Cさんご夫妻は、数ヶ月の間ポータルサイトで検索した20件以上の物件を内見したそうです。どれも同じようなお部屋ばかり。新生活をスタートするのになかなか気に入ったお部屋が見つからず、地場の不動産屋さんに紹介され Wilshire の内見にやってきました。ちょうどリビングとトイレの一部壁紙を輸入壁紙に張り替え、アンティークデスクや小物をディスプレイして、ステージングを済ませたばかりでした。

内見解禁第1号のお客様でした。ご夫妻がこだわりを持って多くの物件を時間をかけ探しているのには、わけがあったのです。

実は奥様のお腹の中には新しい命が宿っていました。生まれてくるお子さんのためにも、奥様がゆっくり子育てできる新居を探していたのです。そのため、妥協はできなかったそうです。ご夫妻がお部屋に入った瞬間の第一声が、

「今まで多くのお部屋を内見してきたけど、こんなにいい香りがしたのは初めて」

モデルルーム化されたリビングルーム

「それにスリッパもかわいい。リビングの壁紙もトイレの壁紙もどれも素敵‼　トイレットペーパーホルダーもどれも初めての物ばかり」

「ぜひご縁があれば、素敵なご夫妻なのでWilshire ファミリーとしてお待ちしております」

私がそう伝えると、ご夫妻は、

「もうここに決めました。だって今決めないとこのお部屋……、次に内見に来られる方にきっと取られちゃうし、そしたら悔しいじゃないですか‼」と。

そしてご夫妻の長い住まい探しの旅は、やっとここで終わったのです。

今では新しいファミリーが2人増えました。可愛いい女の子と男の子です。

Cさんファミリーと私

Cさんファミリーとは、よく賃貸業界のことを語り合ったりします。最近も一緒に食事をしながら定期借家契約・不良入居者問題・空き家問題・AD問題など、率直な意見を聞いたりしています。定期借家契約に関しては、ご夫妻からは、

「今は子育てを第一に考えているので、私たち入居者側からみても、快適な住環境を維持してもらうために、定期借家契約は必要だと思っています」

こんな回答をいただきました。この辺りの不動産屋さんより定期借家契約に関しては、ウチの入居者さんのほうが、くわしい知識や正しい認識を今では持っているのではないでしょうか？

Column

ホテルやコンドミニアムなどの海外投資はルームレートにご注意ください!!

よく海外のこれからできる（完成が数年後）ホテルやコンドミニアムなどのお部屋に投資するセミナーがありますが、そのとき注意したほうが良いのは、「シミュレーション利回り」です。そのシミュレーションは、どのように客室稼働率や平均客室単価を予想して、シミュレーション利回りを出しているのか？

私は長年、海外旅行業関連会社に勤め、現地で多くのホテルと交渉し、部屋を仕入れ大手旅行社などのパッケージ商品などを作ってきました。

宿泊ホテルレートには大きく分けて、「パブリッシュレート」（一般レート）と、いろいろな条件のもと、旅行会社など各社が交わす「コントラクテッドレート」（契約レート）と呼ばれるものがあります。大手の旅行会社や現地ランドオペレーターは20%〜50%も安く、なかにはそれ以上の安いレートで仕入れられるケースもあるのです。

海外ホテルやコンドミニアムなどのセミナー資料のルームレートは、一定額で計算されていることがほとんどです。私はある時期、ホテル勤務をしていたことがあり、同じ部屋なのにルームレートは予約先によって、何十通りとあることを知りました。そこで海外不動産投資のセミナーで紹介している予想利回りは、どのルームレートで平均客室単価をどのように予想して計算しているのか？　それにまだできていないホテルの客室稼働率は、どのような見込からシミュレーションしているのか？　私の旅行会社勤務からの経験から、ほとんどの予想利回りは、あてにならないどころか、出すことが本当はできないはずだと思います。

他にも海外投資には為替リスクやカントリーリスクなども注意が必要ですが、信用のできる現地の不動産投資会社を見つけることが一番難しいかもしれませんね。海外不動産投資会社がよく言いますね「海外不動産投資は自己責任」だと。海外の不動産に投資をする際は、リスクを十分に理解して決断することが大切です。

STORY 04

笑顔の連鎖・子どもの笑顔には敵わない

Wilshire には現在、７人のお子さんが暮らしています。アパートの前には、道路を挟んで公園があり、ふだんから入居者さん同士の交流の場となっています。

ある夏のよく晴れた日に、こんな出来事がありました。入居者さんのお母さん同士が、自分たちのお子さんを公園で遊ばせていました。１人はＤさんの男の子、もう１人はＥさんの女の子でした。私が Wilshire の植栽にホースで水をやっていると、公園の砂場から女の子の大きな泣き声が聞こえてきました。

よく見ると、泣いているのはＥさんの女の子でした。Ｄさんの男の子が砂場の砂をかけたみたいで泣き出したのです。そのうち砂をかけた男の子本人もなぜか泣き出して、２重唱が公園に響き渡りはじめました。

お母さんたちが泣いてる２人を連れて Wilshire に戻ってきたので、植栽に水をやっていたホースを上に向け、「ほら見てごらん。虹が出たよ」。私がそう言うと、まず最初に泣きやんだのが、砂をかけて2重唱の原因を作ったDさんの男の子でした。一瞬にして、くちゃくちゃだった泣き顔から、とびっきりの笑顔に変わって「にじ……にじ‼」と叫びながら、虹をつかもうと大はしゃぎ。それを見てEさんの女の子も、とびっきりの笑顔に‼

この笑顔の連鎖を見ていたお母さんたちも、そして私までもが、笑顔の連鎖の魔法に次々にかかっていきました。子どもたちの笑顔には敵いません。煩わしいこと嫌なことをみんな忘れさせてくれて、幸せな気持ちにさせてくれます。今ではこの2人のお子さんは大の仲良しさんです。

虹イメージ

STORY 05

真っ赤なアルファロメオがやってきた!!

Wilshireで一番最初の入居者のFさん。まだ竣工前の外壁にシートがかかっているころに見に来られ、契約されました。契約はFさんが勤める某大手会社との定期借家契約です。

Fさんは竣工翌日には、真っ赤な1970年代のクラシカルなアルファロメオに乗って、奥様を大阪に残し単身で引っ越して来られました。年に数回のお休みのときには、エアコンもないアルファロメオで帰郷なさっています。いつもあんなに古い車でよく大阪まで往復できるなと、私のほうが心配しています。

私も車が好きで、アルファロメオを通じてすぐに意気投合し、仲良くなりました。Fさんが引っ越して来たころは、私はドイツ車に乗っていたのですが、Fさんの影響で、もともと好きだったこともあり、すぐにアルファロメオに乗り換えました。

あのゆるいボディ剛性や数字的な性能というよりも、楽器のようなアルファサウンドが

Fさんと私のクラシカルなアルファロメオ

たまらない。そのサウンドがたき火の炎のように全身を包みこんでくる。

なんてアルファロメオの話をしていると、2人とも子どものように目を輝かせ、時間の経つのも忘れてしまいます。

先日、この話を近所のマクドナルドでコーヒーを飲みながら執筆していると、偶然にも仕事帰りのFさんが入って来ました。今夜のFさんの夕食は、マックの何かのセットメニューです。単身赴任なので、夕食はファストフードが多くなっているようです。健康が心配になってきます。早くまた奥様の待つ大阪へ戻れるといいなと思う反面、でもそのときは、大家としてFさんとのお別れになります。大家ってこんな出会いと別れのくり返し!!

STORY 06

未来の入居者さんがやってきた⁉

ある日、Wilshire の Facebook ページをいつも見ているという女性から、メッセージが届きました。

「いつも Wilshire のページを見ています。素敵なアパートなので、いつかは住んでみたいと思っている者です。入居者さんも素敵な方々ばかりで、こんな環境で子育てしたいと思っています。現在、空室はないでしょうか？」

私の Wilshire の Facebook ページは、一般公開設定にしています。Facebook 会員なら誰でも見ることができます。くわしく聞いてみると、隣の区に住む主婦の方で、小さなお子さんが1人いるとのことでした。ちょうどいま住んでいる賃貸アパートの更新が近づいてきたので、子育てに環境の良い地域に引っ越したいと思っていたそうです。

何回かのメッセージ交換の後、詳細は電話で話すことになりました。私は彼女に「せっかくご連絡いただいたのですが、Wilshire は現在、退去連絡もなく満室状態です」、そう伝えると、とても残念そうな返事がかえってきました。

「お問合せをいただいたのも何かの縁、せっかくですから、もしよかったら満室でお部屋は見られませんが、外観など見に来られませんか?」と伝えたところ、

「いいんですか⁉ うれしいです。一度、実際に見てみたかったんです」

そう言って数日後、彼女は生まれてまだ数ヶ月であろう赤ちゃんを車に乗せ、見学にやって来ました。

いつもFacebookの写真でしか見ていなかったので、実際にWilshireを見ることができ、とても感激していました。ひととおり外観や中廊下などを見て回り、周辺の環境や公共施設などを説明していると、「素敵な環境ですね。入居待ちはできますか?」、そう彼女は聞いてきました。

大家にとっては、たいへんうれしい話です。実際に今までも、何回か同じような話があったのですが、いつお部屋が空くか、こちらから予定を立てることもできません。私は彼女に、

「そう言っていただけるのは、たいへんうれしい話です。いつお部屋が空くかもわからないので確約できませんが、いま住んでいる入居者さんからお引越しの連絡がきたら、まず一番にお知らせします。その時点でタイミングが合えば、もう一度お部屋の内見にお越し

ください。喜んでご案内させていただきます』と伝えました。彼女は、

「とりあえずいま住んでいるアパートは、更新して当分住むつもりです。空きが出そうになったら必ず一番に連絡をくださいね。楽しみに待っています」

そう言って帰って行かれました。その後はFacebookでもお友だちになり、Wilshireでの入居者さんとの日々の交流の様子をご覧になっています。未来の入居者さんになるかもしれない素敵な奥様でした。


自分の物件をホームページやＳＮＳ等で情報を発信してみる。

未来の素敵な入居者さんと出逢えるチャンス!!

STORY 07

引っ越された元入居者さんとの再会!!「うん、大家さん!!」

Gさんファミリーは4人家族。初めから2年間だけの定期借家契約で入居されました。というのは、2年後までに同じ区内で一戸建てを買う計画だったからです。Gさんファミリーが初めて内見に来たとき、私も大家として立ち会いました。その時にご夫妻から、「一戸建てを買うまでの2年間だけですが、いいですか?」と聞かれました。ほんとうは長く住んでいただける入居者さんを求めていたのですが、ご夫妻の誠実さに心うたれ快く承諾しました。

ご夫妻には小学生のお兄ちゃんとその下に妹がいて、この下の女の子は、私がアパートの掃除をしていると、「大家さん、こんにちは」と、いつも笑顔で声をかけてくれる元気な女の子でした。春の新学期に合わせて引っ越して来られたのですが、2人ともすぐに新しい学校にも慣れ、多くの友だちもでき、Wilshire にはよく同級生を連れて来ていました。

Wilshireのエントランス横の花壇には、季節に合わせイチゴやブルーベリーなどを植えています。実がなった時には、入居者さんに自由に摘んで食べてもらっています。また、近くには柿の木畑を所有していることもあり、秋にはお子さんたちに柿狩りを体験してもらったりもしていました。収穫した柿をおいしそうに口いっぱいに頬張る兄妹の姿を今でも昨日のように憶えています。

ご夫妻も、ふだんなかなか体験できないことなので、とても喜んでくれました。また11月には、毎年恒例のクリスマスの飾り付けを手伝ってくれたり、入居者さんたちが集まったイルミネーションの点灯式には、兄妹がスイッチを押してくれた年もありました。

そんなGさんファミリーとも出会いからあっという間に2年が経ち、念願だった一戸建ても同区に買うことができて、引っ越していかれました。大家として一番寂しい瞬間です。

それから2年が経ったある日のこと、帰宅途中に自宅最寄駅にあるスーパーで私が買い物をしていると、「大家さん、その節はたいへんお世話になりました」と話しかけてくる女性がいました。なんとGさんファミリーの奥様と大きくなった娘さんだったのです。

林「こちらこそありがとうございました。新居の生活はどうですか？」
奥様「子どもたちも自分たちの部屋ができ、とても喜んでいます」
林「お嬢さん、この2年間ですごく背が伸びてびっくりしました」
奥様「もう今年で4年生になりました」
林「こんにちは、大きくなったね。誰だかわかる？」、そう娘さんに話しかけました。
娘さん「うん、大家さん‼」
そう言うと、昔と変わらないとびっきりな笑顔を見せてくれました。
林「またご家族皆さんで近くに来られることがありましたら、ぜひWilshireに遊びに来てください」
奥様「子どもたちは学校が終わった後、学習塾に通っているので、夜いつも私が車で迎えにいっているんです。その帰り、すこし寄り道して、たまにWilshireの前を通って帰るんですよ（笑）。特にクリスマスの季節は、毎年見に来てますよ。今年はツリーのイルミネーションが変わったとか、子どもたちと住んでいたころを思い出し、懐かしくWilshireチェックしてます（笑）。まだ2年しか経っていないんですけどね」
林「ありがとうございます。また今年のクリスマスシーズンもご家族で、ぜひ見に来てく

クリスマスの飾り付けの様子

ださい」

別れ際に笑顔で手を振ってくれた娘さん、大人になってもWilshireで過ごした2年間を忘れずに憶えていてくれてたらいいな。

引っ越して行かれた後もWilshireで過ごされた思い出を大切にしてくださっているGさんファミリー。大家としてとても、幸せを感じる瞬間です。

Column

「ありがとう」のひと言で人生が変わることがある!!

今回は、７つのなにげない入居者さんとのやりとりをご紹介してきましたが、まだまだ私と入居者さんとの新しい物語は、これからも続いていきます。賃貸は入居者さんが主人公です!!　幸せ賃貸のレシピにおいて、ベースとなる隠し味は、定期借家契約だと思います。それが入居者さんに快適な住環境を提供でき、安心して長期にわたり住んでいただけることになると考えています。

私は今まで、旅行業界やホテル業界など長年、サービス業に携ってきました。自分の経験から仕事をしていて一番うれしく思えた瞬間は、お客様から笑顔で、「ありがとう」と言われた瞬間です。

こんなことを皆さんも聞いたことがあるかと思います。

「ありがとう」、この反対の言葉はなんですか？

ありがとうを漢字で書くと『有難う』と書きます。あることがむずかしい、めったにないことにめぐり会うという意味です。めったにないことにめぐり会う奇跡だとすると、「ありがとう」の反対語は、「あたりまえ」ということになるのではないでしょうか⁉

私たちは毎日の出来事をあたりまえと思って過ごしています。素敵な入居者さんと出逢えたことは、奇跡の連続だと思います。

あなたは入居者さんに「ありがとう」と言ったことはありますか？

あなたは入居者さんから「ありがとう」と言われたことはありますか？

素敵な入居者さんたちと出逢えた奇跡の連続に「ありがとう」の連鎖が始まります。

「ありがとう」のひと言で人生が変わることがあります。

第7章

その他の活用事例

沖野 元

ここでは、通常の居住用のアパート・マンション以外への活用事例を紹介していきます。

01 築古アパートへの活用

自主管理で定期借家契約を実践しているAさんの事例を紹介します。Aさんは親から相続した築30年以上のアパートを東京都内に複数所有しています。すべてAさんの自宅からも近いので、自主管理をされていました。そんなAさんから空室についての相談を受けたのが、今から10年以上前になります。Aさんのアパートの多くは、お風呂なし物件だったのですが、周辺アパートとの競争が激しく、10室以上が空室となっていました。まずそれらについての空室対策コンサルティングを行い、満室となりました。

その時同時に、将来の建替えのタイミングについての相談も受けていたので、すべてを定期借家契約で募集し、締結することをアドバイスし、そのとおりにしていただきました。現時点での普通借家契約で入居しているお客様は、更新のタイミングでAさん自らが定期借家契約に切り替え手続をされました。それにより、いつでも建て替えられるという体制ができ上がりました。

先述したように、築古物件で入居者がいる場合は、普通借家契約だと、いざという時に高額な立退き料を支払うことになりかねません。また、居座られると建替えのタイミングを逃してしまうかもしれません。そうなると計画が台無しになってしまいます。経済的損失も生まれるでしょう。少なくとも築20年以上経過している木造物件では、定期借家契約は必須と考えたほうが良いでしょう。

Topic

定期借家契約で滞納保証会社を利用する際の注意点

2020年に施行が予定されている改正民法では、連帯保証人の責任について、個人の根保証の場合には極度額を記載しなければならないとするルールが定められました。これにより、滞納保証会社を利用することが、今以上に増えてくることが予想されます。

定期借家契約でかつ滞納保証会社を利用することは、大家さんのリスクヘッジとしては強力なものになります。ただし、ここで気をつけていただきたいことがあるのです。それは再契約型定期借家契約において、再契約の際に滞納保証会社の保証契約更新における手続や借主が負担する費用が各社異なるということです。

たとえば業界最大手の日本セーフティーでは、定借の再契約に際しては借主側に1万円の更新保証料がかかるのみで、書類のやり取りは原則として必要ないとしています。一方で大手のフォーシーズでは、更新保証料は滞納の有無によって変わり、さらに定借の再契

約の場合には、再度保証契約書に借主だけでなく貸主の署名捺印が必要となります。

大手滞納保証会社の数社に、定借で再契約する場合の手続についてヒアリングしましたが、多くは普通借家契約と変わらないという返事をいただきました。

滞納保証会社はお付き合いしている不動産業者の提携しているところを利用することになるかと思いますが、再契約型定期借家契約を行う場合には再契約時の手続や費用について必ず確認をしておいてください。

※ここで示した滞納保証会社の手続や保証料については、2018年1月現在のものです。変更される可能性もあるため、利用に際してはその都度ご確認ください。

02 自宅を賃貸に

自宅を賃貸にするときには、定期借家契約がベストだということはすぐにわかるでしょう。将来自分や家族がまた使うかもしれないということで、期限を切って貸すことができるからです。ただ、自宅を賃貸に出す場合には、その期間をどうするかということ、そして再契約型とするのか、終了型とするのかをよく考えて決めなければなりません。そのポイントは、将来また自分たちで使う可能性があるのかということと、それはいつごろかということになります。

なお、これは親の自宅を相続した場合で、すぐに利用方法が決まっていない場合にも当てはまります。また、自宅を定期借家契約で賃貸に出す例が増えれば、自宅を建て替える際の仮住まい先としての活用も広がってくるでしょう。

03

シェアハウス

ご存知かと思いますが、シェアハウスのほとんどが定期借家契約を使っています。たいていのシェアハウスは、リビングやキッチンなどを共同利用するスタイルとなっています。

そうすると、人とうまくコミュニケーションが取れない人が入った場合は、周りへの影響が大きいわけです。1人の人のせいで良い入居者が出て行くことにもなりかねません。面接をしても見抜けない場合もあるのです。

それで、最初の契約を3ヶ月とし、続いて6ヶ月、問題がなければその後の契約は10ヶ月で繰り返していくような契約形態をとっているシェアハウス事業者もいます。今後、シェアハウスという住まい方も増えてくるでしょう。そうした場合に1年未満の定期借家契約は、大いに活用されることと思います。

04 ペット可物件への導入

最近はテレビでもペット関連の番組が人気のようです。ペットはここ数年ブームといって良いでしょう。そして、おそらく少子化のこれからも続くことになりそうです。にもかかわらず、ペットが飼える賃貸物件は少ないのが現状です。そうしたなかで、ペット可でなかった物件をペット可にする大家さんも増えてきました。

ただ、ペット可にすることによって、守らなければならないルールが増えます。そうすると、どうしてもルールを守れない方が出てきてしまいます。そういう時こそ定期借家契約の出番です。ペットを飼う方に対してのルールを明示し、ルールが守られない場合には再契約はしないということを伝えることにより、トラブルの抑止につながります。

補足ですが、その建物内の一部の部屋でのみペット可にすることは、全部をペット可にするよりもトラブルの可能性が高いと考えるべきでしょう。世の中のすべての人がペットが大好きなわけではありません。そこはよく注意をしてください。

05 空き家

定期借家契約がこれからもっとも活用される可能性がある分野は、空き家です。空き家は全国で約820万戸もあります。これらのうちの多くは、除却（取り壊し）されるでしょう。しかし、いくらか賃貸として可能性のある立地を持つ物件や、古民家としての価値の高い物件、再生可能性のある物件についてはこれから次々と再生されていくことになります。そうして賃貸市場に出てきた物件の契約形態は、やはり定期借家契約が最も適しているのです。それは空き家の多くがもともとは「自宅」であったことと関係します。たとえば亡くなった親の家を賃貸に出す場合に、一度貸したらいつ戻ってくるかわからない普通借家契約ではなく、ある一定期間のみ貸し出せる定期借家契約が所有者の意向にかなうでしょう。

また、これからは国土交通省が示した「借主負担ＤＩＹ型」という賃貸スタイルが増えてくることが考えられます。これはいくつかのパターンがありますが、たとえば借主が自らの負担でＤＩＹリフォームし、その代わり原状回復を求めないというものがあります。このスタイルで定期借家契約を活用し、期間をさまざまに設定するケースが出てきています。ＤＩＹとはなっていますが、借主が費用を出して業者によるリフォームやリノベーションを行う場合も同じです。場合によっては数百万円を借主が負担することもあるでしょう。そういう場合に契約期間が2年間というのはあり得ないと思いませんか？　この場合は逆に借主の居住権を守るために長期の定期借家契約にします。

少子高齢化社会に突入している日本に暮らす人の住まい方は、ますます多様化していきます。そんななかで、定期借家契約はこれからさらに広まっていくに違いありません。

Topic

空き家およびDIY型賃貸借と定期借家契約

空き家の対策として、空き家再生事例も少しずつですが、増えてきつつあります。再生された空き家を賃貸する場合に使用されるのは、定期借家契約が適していますし、実際に使用している例もよく聞きます。なぜなら、それらの空き家は相続した実家などが多く、いつかは所有者かその関係者が居住したり売却する可能性もあるため、一定期間だけ貸し出せる定期借家契約は都合が良いからです。

また、国土交通省が推進してきたDIY型賃貸借は、その力の入れようとは逆に、普及にもたついている状況です。UR都市機構がやっている以外に、民間で積極的に活用している事例がまだ多くはありません。ただ、DIY型賃貸借も空き家問題が深刻化するにつれ、空き家活用の形態ひとつとして利用されるようになるでしょう。

2017年に実家のある広島県に帰省した際お会いしたのが、広島県定期借地借家権推進機構（広島定借機構）理事長の金掘一郎さんでした。広島定借機構では、全国に先駆けてDIYリフォームアドバイザー資格認定講座を開催し、話題になりました。そこで金掘さんにDIYリフォームアドバイザーという資格を創設した経緯について伺うことができました。もともと金掘さんは、インテリアコーディネーターという資格を日本に持ってきた人物だということをその時に知りました。ただインターネットの普及で、インテリア関係の情報も溢れるほどになり、インテリアコーディネーターの仕事が急減。それに連れて資格取得者も減少の一途をたどっているそうです。一方、既存住宅ストックが増えているなかで、それらをDIYリフォームによって手入れをし資産価値を高めることや、空き家をDIYリフォームによって再生させることを想定して、この新資格を創設したとのことです。

DIYリフォームアドバイザーとは、自ら住まいの再生、補修、維持、管理を行うための基礎知識とDIYスキルを身に付け、そのニーズのあるところにアドバイスできる人材を育成することを目的としています。これは先述した国土交通省が推進するDIY型賃借の普及と連動した資格制度であり、空き家の再生にも活かせるため、普及が望まれます。これから全国各地でDIYリフォームアドバイザー資格認定講座が開催されるとのことなので、注目したいと思います。

金掘さんとの会話で、DIY型賃貸借によって活用された空き家は当然、定期借家契約で契約するのが望ましいという部分で、意見が一致しました。これは国土交通省のガイドブックにも記載がありますが、DIY型賃貸借の場合、借主負担でのDIYリフォームとなり、貸主は原状回復を免除するというのが基本です。借主が数十万円から、場合によっては100万円を超えるDIYリフォームを行っておきながら、一般によくある2年間の普通賃貸借契約ではバランスが良くないということはおわかりになるかと思います。この場合は、たとえば5年、10年といった長期間の定期借家契約が望ましいでしょう。借主は自らが手をかけた内装に愛着を持ち、時間と費用をかけた分、長期の賃貸借を希望するでしょうし、貸主にしてもリフォーム代がかからないうえ、長期に借りてもらえることは賃貸経営の安定につながります。

定期借家契約とDIY型賃貸借が空き家対策の処方せんとなり得るかは、それぞれの認知度が高まるにつれて、その可能性が高まるでしょう。これらの中心になる業態のひとつは、空き家の情報が入りやすい宅地建物取引業者であることは言うまでもありません。ただ、まだ事例が少ない状況です。これから事例が増えてくるにつれ、さまざまな課題も出てくることが予想されます。それらの課題に対する適切な答えが出て、いくつかのパターンのモデルができてくれば、宅地建物取引業者も取り扱いしやすいのではないでしょうか。そのためにもまずは定期借家契約についての正しい知識を身に付けるとともに、DIY型賃貸借にもチャレンジし、この賃貸借形態に慣れることが肝心でしょう。

第8章

本音で語る定借座談会

—定期借家契約を採用している中堅管理会社と採用していない大手管理会社を含めての座談会—

2015年3月27日収録

（文中敬称略）

何が定期借家契約の普及にブレーキをかけているのか

沖野　定期借家制度がスタートして今年(平成30年)で18年になりますが、まだ普及しているとはいえない状況です。まず、その理由についてですが、林さんからお願いします。

林　定借(定期借家契約)が普及していない理由として、不動産会社さん、仲介業者さんも含めて営業に行ってみると、**ほとんどが普及にブレーキをかけているというのが実感です**。今管理していただいている管理会社さんにお願いしても、なかなか普通借家から定期借家に変更してくれません。

沖野　業者はどうしてブレーキをかけているんでしょう。

林　いろんな書類が増えたり、業務が煩雑になると、面倒くさいというのが一番の理由じゃないかと思います。ふだん普通借家しか扱ってないので、定借を導入することによって、もしミスが起きたら自分たちのミスと判断されるんで、その辺を恐れているのかもしれませんね。

沖野　賃貸管理会社のストーンズの細山さんは、どういうふうにお考えですか?

細山　ウチでは定期借家契約を18年間、施行されてからずっと使っておりますが、大家さんからのお話を伺ったりとか、他社さんとのお話を聞いていたりすると、**定期借家契約イコール家賃を下げなきゃいけないというような固定観念を持っている人が多いんじゃないか**と思います。

定期借家契約自体がどういうものなのかを知っている不動産会社の社員さんが少ないというのも事実でしょうね。林さんがおっしゃったような管理会社、仲介会社でも。

沖野　なるほど。社員の方が知らないということは、要するにちゃんと教育をしていないということですね。どうして社員教育をしないんでしょう。

細山　**不動産屋の業務として、普通借家契約で事足りているという意識が非常に強い**んじゃないかなと思います。定期借家とはこういうものとお話しをしても、どういうトラブルがあって、どうやってそのトラブルを止められるのかとか、なかなか経験がないとわからない部分がありますので、そ

細山勝紀
株式会社イノベートバリュー代表
1978(昭和58)年生まれ、神奈川県出身。武蔵工業大学（現・東京都市大学）にて建築を学ぶ。卒業後、安藤建設株式会社（現・安藤ハザマ）に入社。主に賃貸物件の施工管理・企画営業に従事。2006（平成18）年賃貸管理業務に特化し地域に根ざしたサービスを展開しているストーンズに入社。2010（平成22）年より社長に就任、2017（平成29）年よりイノベートバリュー代表となる。
同年よりシェアハウス事業に参入し、最近ではシングルマザー向けシェアハウス『ペアレンティングホーム高津』を、チームペアレンティングホームと共同企画してオープン。全国でも珍しいシングルマザーに特化した子育て応援型のシェアハウスとして、NHK（Bizスポ、あさイチ）・フジテレビ（スーパーニュース）・日本テレビ（news every）・テレビ東京（newsAnser）・日本経済新聞・朝日新聞・毎日新聞・神奈川新聞など、多くのメディアに取り上げられる。そのほかにも、川崎市を中心として多数のシェアハウスを運営し、2013（平成25）年5月に著作『賃料収入が2倍に!? 申込殺到!のシェアハウスの作り方』を刊行。

の部分までは教育がしきれないんじゃないかなと思いますね。

沖野　大手管理会社にお勤めの谷さんは、どういうふうにお考えですか？

谷　ウチは今年で、賃貸管理業として創業44年目で、全国で18万戸ぐらい管理物件があります。私は、以前は仲介の部署にいて、今は管理に来てもう13年になります。林さんはじめ、定期借家を利用されているオーナーさんのお話や、取り入れられている業者さんのお話を聞くと、今管理の立場にいる自分としては、ある意味、とてもメリットを感じています。そして、やってみたいという気持ちもあります。**今われわれ管理会社が抱えている大きな悩みとして空室の問題がありますが、客付けが難しいかなとついつい審査をゆるくしてしまうと、その後の管理がすごく大変なんです。**実際に不良入居者さんに悩まされたり、滞納が起こりやすくなったりしています。ですので、定期借家を利用することで、質の良い入居者さんの入居を促進できたり、**いわゆる不良入居者が入ってしまった場合に退去を促せるという点では、管理会社はみんなメリットを感じると思います。**

さっきお話しに出た、業務が煩雑だという問題については、社内システムの改修で以前よりかなり解消されました。

事務処理が簡単になったのに導入が進まないのは、仲介側の問題があるからだと思います。仲介の立場の社員たちにとっては、客付け不調につながるんじゃないかと不安に思うんですね。**今ポータルサイトを見ても、定期借家は1項目にくくられていて、再契約ができる型なのか終了型なのかがぱっと見わからない。**また、入居者さん側も、定期借家というとその期間中しか入居できないと思っている方もまだまだいると思います。お客様の知識が深まって、定期借家でも再契約できるものもあるということや、質の良い入居者さんが周りに住んでいて住環境が良いということが広まれば、客付けにも困らなくなると思います。管理は質の良い方に入居してもらいたいし、仲介はたくさん契約したい。自分たちにメリットがあると思えば、定期借家契約はもっと促進できるんじゃないかなと思います。まだ現場としてメリットが感じられておらず、逆にデメリットのほうが大きいと思ってしまっているので、増えてこないのだと思います。

沖野　はい、ありがとうございます。私も仲介と管理の両方やってるんですが、やはり今お三方がおっしゃっていたような理由は、自分自身も感じています。特に**客付け**

谷 尚子
株式会社ハウスメイトパートナーズ営業本部課長
1971（昭和46）年生まれ。2000（平成12）年に同業他社を経てハウスメイトグループに中途入社。仲介営業、仲介店長を経て、2005（平成17）年に同社初の女性現場担当となり、2011（平成23）年に同社初の女性管理支店長となる。2015（平成27）年に、営業本部東京営業部に異動になり、エリアにとらわれず、幅広く賃貸オーナー様のご相談をお受けできる立場となり、現在はオーナー、入居者、管理会社が一緒に幸せになれる仕事を目指して日々奮闘中!
賃貸住宅フェア、建築建材展、ハウスメーカーなどで講演多数。
資格：公認不動産コンサルティングマスター、CFP、1級ファイナンシャルプランニング技能士、賃貸不動産経営管理士

の理解不足っていうこと。それから、谷さんがおっしゃったようにポータルサイト側が、説明があるにはありますが、別ページであったり、わかりにくいです。ですから、再契約型か、もう完全に終了してしまうものかという、そこの部分がお客様にとってはわからないと。それで2年契約だったら2年で出なきゃいけないのかっていうお話になってしまいがちなんですよね。

定期借家契約導入のメリットとデメリット

沖野　ここでは、それぞれにとって定借を導入することによるメリット。それからデメリット――とまで言っていいのか――が、あるかと思うんですが、まず、林さん、大家さんにとってのメリットとはなんでしょうか。

林　私の大家の立場として、導入するときの一番のメリットは、やはり、快適な住環境を維持するということです。ウチの入居者さんも、自主管理でやってる方もそれを第一に考えていると思います。ただ、**不良入居者を退去させられるとか、それを前面**

に打ち出すと反対に勘違いされるところが多いので、やはり快適な住環境を維持するというのが一番です。

私はできる限りお客さまの内見に参加していますし、そのときも定借に関してご説明しています。入居なさってからも、いろいろ時間をとって、入居者さんと食事をしたりして、そのときにもう一度、定借のことに関しても意見交換をしたりしています。入るときにそれが足かせになっているようなお話もありましたが、ウチの入居者さんに関しては今のところ100%、定借のことは知っていませんでした。

沖野　ああ、そうなんですか。

林　ええ、ウチは今22~23組ぐらい、この6~7年で定借の契約をしてるんですが、誰も定借と普通借家の違いを知っている方は1組もいません。

だから、定借だということが足かせになってることはまったくないです。とくに私はファミリー物件ばかりを所有しているので、すべてに関して住環境を守るためにやっているということを理解してもらっています。

デメリットのほうですが、一番はやはり客付けです。自主管理の方も客付けに関しては自分だけじゃできないんで、どうしても仲介業者さんにお願いしている場合が多い。定借の物件を仲介業者さんにセールスに行くと、そこで断られる場合がほとんどで、実際に、どうしても導入したくて始めたのに、仲介業者さんが協力をしてくれなくて客付けがなかなかできない、やはり空室を埋めなきゃいけないということで、泣く泣く普通借家に戻しちゃったという方が非常に多いです。

沖野　なるほど、ありがとうございます。では、細山さん、管理会社にとってのメリット、デメリットといったものは、どういうふうにお考えですか?

細山　管理会社のメリットとしては、大家さんと同じ目線で考えていますので、大家さんと同じです。不良入居者の退去というふうに、お客様、オーナー様にはお伝えさせていただいておりますが、それ以前に、**不良入居者を入れないというところが一番大きなメリット**だと思います。

ウチの場合は、定期借家と、その後の自社の保証会社をつける形での、審査を並行してやっていますが、そのなかで、入居の際に滞納しそうな人はもちろんですが、**周りの方に迷惑をかける方を入れないという抑止力として、定期借家契約は非常にメリットがある**と思います。

具体的には、入居者さんがどこまで理解しているかは別として、定期借家契約というのを採用していますというのは、必ずお話ししています。そのなかで、なぜ定期借家なのか。それは不良入居者を退去させるためではなくて、さっき林さんがおっしゃっていたように、良い住環境を守るためですと。良い住環境を提供できるというのが定期借家のメリットだと説明しています。

沖野　細山さんのところでは、すべての大家さんと定借でやっているそうですが、最初から了解をいただいているのでしょうか。

細山　はい、管理のオーナーさんは全オーナーさん、定期借家契約での運用の合意書を取りつけておりまして、特に大きな反発とかはないですね。

沖野　先ほど林さんがおっしゃっていたのですが、管理会社がよくても、その客付けする業者のほうが理解がなくて、客付けが遅いというのは実際感じられることはありますか。

細山　そうですね、自社の子会社である仲介会社では、もうその社員たちに定期借家とは何かという浸透ができていますので、特に大きな問題はありません。

あとは、業者さんですね。業者付けのときに、どうしても定期借家ばっかりに目がいって、定期借家なんですか、みたいな連絡はいただきます。ただそのときに、再契約を前提とした定期借家契約なので、基本的に入居者さんにお伝えするようなことを仲介会社の営業マンの方に話をすると、ご理解いただける形になっています。

沖野　管理以外に自社の仲介店舗も何店舗もお持ちなのですね。そちらではもう10％、社員の方は理解していらっしゃると。もちろん18年もやっていらっしゃれば、周辺の業者さんも、ストーンズさんは基本的に定期借家でやっているという理解も進んでるんですよね。

細山　はい、そうですね。それでいても、別に普通借家と入居者にとって変わらないような、要はデメリットがない契約だということも理解していただいていますし、そのことをお客様にも伝えています。

沖野　管理会社が導入するにあたって、細山さんがデメリットと感じられることって、ありますすか。

細山　デメリットは、どうでしょう。ウチはまあ長いので、もうシステムの中にすべて組み込まれていますが、さきほど谷さんがおっしゃっていましたが、もともと、ほぼ大多数が普通借家契約での契約で運用をしている場合、定期借家契約の場合だと、その期間満了日の半年から1年前までの間に、満了日の通知を出さなきゃいけないという、言ってみればそんなに難しくないことなんですが、それがたとえば何万件もあるのをこう、何万件のうち100件だけのためにそれをやるとか、1000件だけのためにやるというところが、システム導入の費用的なデメリットもあると思いますし、費用をかけないでやろうとすると、社員たちが覚えてなきゃいけないとか、非常に不安定なものになってしまって、すごくミスが多くなってくる。そうすると、末端の社員たちはそういうイレギュラーなことを非常に嫌いますから、そういうデメリットはあるかなと思います。

沖野　なるほど。ありがとうございます。

谷さんは、もともとは客付けのほうもやっていらっしゃって、今は管理会社だということなんですが、定期借家契約についてて客付け、それから管理会社、双方のメリット、デメリットは、どういうふうに感じていらっしゃいますか。

谷　実際、私が仲介にいた時代は、定期借家といったらほぼ全部が転勤留守宅だったんです。定借、定借ってみんな一くくりに呼んでいるけど、本当は定期借家には2種類あって、全然別ものですよね。転勤留守宅で契約期間が終了したら本当に出なきゃいけない定期借家と、再契約がちゃんとできる、大家さんが長期で貸す気持ちがある定期借家と。

昔は、定期借家で預かる物件がそもそも少なくて、そのほとんどが転勤留守宅だったので、私たち不動産業者の中でもいつの間にか、定期借家イコール（＝）転勤留守宅というイメージになってしまった。でも、ストーンズさんのような定期借家をたくさん扱っていらっしゃるところには、別の種類の定期借家がたくさんありますよね。

細山　あります。

谷　そういう話を聞いたら、ウチでもできるかもしれないと思いますよね。ウチは結構物件数があるし、管理物件の募集を全部一遍に定期借家に変えちゃえば、意外とすぐに世間にも浸透するかもしれない。入居者さんにも、ハウスメイトの物件は再契約ができるほうの定借なんだとわかってもらえて、入居率は下がらず、しかも優良入居者が増えるかもしれない。それなのになぜ踏み切れていないかというと、その定期借家に2種類あるというのがお客さんだけでなく社員もわかっていないので、まずは社員教育が大変そうなこと。そして、ウチは一般的なポータルサイト経由で来る問い合わせが多いので、そこでの定期借家の募集が不安なこと。スーモとかアットホームとかホームズとかのポータルサイトで「定」マークが付いていると、それがどっちの種類の定期借家なのかがお客さんにもわからないので、ポータルの表示が変わらないいま定期借家を導入すると、お問い合わせが減るのではという不安があります。

今、林さんと細山さんのお話を聞いて、定期借家の募集の入り口ってポータルサイト頼りじゃなくて、たとえば自社のものだったり、本当に地元の業者さんが林さんの物件いいよって出してたりっていう、そういうところが入り口なのかなと感じました。そのあたりのことをもっと知りたいですね。

定期借家契約での入居者募集の実態

谷　募集の問題をどうやって解決されているのか。そこが大丈夫そうだとわかれば、定期借家を導入する勇気が出そうです。

沖野　そうですね。そういった意味では、細山さんのところは自社店舗で積極的にやっていらっしゃるということで、ポータルサイトへの掲載というのはされているわけですね。

細山　もちろんです、はい。

沖野　ポータルサイト経由でのお問い合わせがやっぱり多いわけですか。

細山　はい、ほとんどは。

谷　浸透されているから、もう大丈夫ということなんですよね、きっと。

細山　うーん、そうですね、それによって反響が下がっているとかは、もちろんその契約数も下がっているとか、単価が下がっているというような実感は、全くない状況ですね。

沖野　はい、ありがとうございます。

あと、入居者さんにとってのメリットをどういうふうに説明すればいいかということがあります。林さんなんかはどういうふうにされていますか。

林　一応自分が作っている**マイソクの中に定期借家の説明をちょっと入れています。**入居者さんのメリットを最初から広告の中に入れちゃって、これを読んでいただいてから、直接これは定期借家ですということを説明しています。

たとえば、騒音問題とかゴミ出しとかのルールを注

意しても守れない方は再契約をしません と、初めからはっきり文章でうたっちゃっています。もちろんお客さまが内見に来られたときにも私が説明をしています。ですから、こうしたことを納得していただいた方に入っていただいております。

沖野　細山さんのところでは、すべてのマイソクにそのような案内がされているんでしょうか。

細山　いや、定期借家については特に。林さんのところは特別につけているような形ですね。

沖野　そうですか。

細山　ただ、お申込みをいただくときに必ず、ウチは再契約型の定期借家契約を利用していますと。普通借家との違いというものをわかりやすく書いてある書面を、必ずお渡しししています。

沖野　なるほど。ありがとうございます。

先ほどハウスメイトさんのほうでは、まだ定期借家を導入されていないということなんですけれども……。

谷　導入していなくはないんですけど、数は少ないです。オーナー様がどうしても定期借家でやりたいという物件だけ、やっている感じです。

沖野　そうですか。実は私の知っている大家さん

は、大きな物件をお持ちなんですが、ハウスメイトさんでやられていて、サブリースなんですが、定期借家を導入されています。

谷　おそらく現場としては、慣れていないのであまりやりたくないと思いながらも、オーナー様がおっしゃるから仕方なくやっているのかなと思います。

沖野　「仕方なく」というと……。

谷　たぶん、本当に単に客付け大丈夫なのかっていう部分の心配が大きいんです。再契約できる定期借家であったとしても、高く貸せないいんじゃないかと、それが心配なのだと思います。

定期借家契約では家賃を下げなくてはならないのか

沖野　定期借家にすると家賃を下げなきゃいけないという、迷信というか、そういった認識がありますよね。それっていうのは、実際どうなんですか。細山さん。

細山　うーん、お答えからすると、もう全く関係ないと思います。**再契約をしないタイプの定期借家契約という形でしたら、やはり入居者さんにほかの物件と比べてデメ**

リットがあるということを考えると、お家賃でそのデメリットをカバーしなきゃいけないということは、論理的なところで考えてもいいんですが、再契約を前提とした定期借家契約の場合は、全くデメリットの部分がないので、家賃をそのまま、普通借家契約と同等の家賃で出すことに対して、特にそれによって決まりづらくなっている、安くしなきゃいけないということは、全く感じたことはないですよ。

谷　混じっちゃっているんでしょうね、本当に短期で出なきゃいけないものと。

細山　そうなんです。

谷　本当は再契約できる定期借家が多いのに、あまり理解されていない。

細山　だから、仲介営業マンのスキルアップは、非常に大きいかなと思われます。

定期借家契約のメリットは仲介より管理のほうが大きい

沖野　谷さんにお聞きしますが、大半は普通借家でやっていらっしゃるそうですが、このケースだったら定期借家にしておけば良かったということは、ありますか。

谷　あります。定期借家のメリットは、いわゆる不良入居者を解約できるということだけではないとわかりました。定期借家契約に抵抗がないのは、もともとルールを守れる自信のある方なので、そういう良質な方だけを、入居申込みの段階でふるいにかけられるということです。そうすればクレーム対応も減りますし、今後積極的に進めていけたらと思いました。

管理会社としては、かなりクレーム対応に時間と人を割いていて、社員の精神も疲弊しています。**仲介というよりは、管理する側にとって、定期借家を導入すると、本当に質の良い人を選べるというメリットがある**と思いました。日々の悩みが解決しそうです。

林　管理会社さんにとっては、すごいメリットになると思います。

　大家だけじゃなくて管理会社さん、たくさん管理されているハウスメイトさんみたいな会社にとっては、かなりの負担が減ってくると思います。

谷　そうですね。今月もウチの支店だけで明渡し訴訟を2件抱えていまして。今日も明渡しやっています。ふだんも毎日毎日いろんなクレームがあるんです。定期借家を導入すれば、**ルールを守るのは当たり前と**

いう人は、たぶん定期借家でも気にしないので、そういう良い人が集まりそうです。逆に、人に迷惑をかけるような人、たとえばゴミをちゃんと分別しないとか、音楽もがんがんかけるとか、周りの迷惑を考えられないような人は、こういう物件にはたぶん入ってこないと思います。

沖野　はい。私も管理をやっていますので、今、谷さんがおっしゃったように、今までは考えられなかったようなトラブルが増えてきていることは感じています。

谷　非常識なことがいっぱい起きます。

沖野　もう本当に、起きるようになって、私も驚いていて。「モンスター借主」というように『週刊住宅』の連載で定義したんです。そういう人が出てくるようになって。そこで、定期借家を導入することによって、そういったトラブルのいわゆる抑止効果については、細山さんなんかはやはり感じていらっしゃいますか。

細山　そうですね。まあ、もちろんゼロではないです。やっぱり借主さん、ここ**5年から10年弱ぐらいの間でしょうか、自分の権利を主張するような方が非常に多くなっているというのは、すごく感じます。**

まあ、それは定期借家と直接関係ない話ですけれど。

しかし、定期借家をすることによって、**明渡し訴訟だとか、その負担というのは減っていると思います。**

再契約の基準とは

沖野　入居者トラブルがあって、再契約をしない場合、その基準っていうのはどういうふうに、持っていらっしゃるんですか。

細山　たとえば音の問題だとします。音の問題だと、いきなり解約、再契約はしません。もちろん、何度も注意をしても直らなくて、内容証明を出してもまだ直らなくて、といったケースのみですね。内容証明までは送ります。それでも直らないと、期間満了の6ヶ月から1年前になったときに、再契約しませんと。もちろん大家さんともこの方はこういう方なので再契約をしない方向性でいこうと思いますと相談をしながらですね。

いきなり解約、再契約しませんというよりは、再契約をする条件を、その通知のときに出します。

沖野　その条件というのは、その終了通知で示すのでしょうか。

細山　終了通知のときに、いついつで終わりますよと。そのときに、通常だったら貸主側は再契約をする意思がありますっていう言葉で締めくくって終わるんです。ですけど、そういう不良入居者と認められた方は、貸主としては、以下の条件が守られるようでしたら再契約をする意思があるという形で出しています。その条件をクリアできなかった、途中でクリアできなかった場合は、再契約しませんという通知を出しています。

林　通知が、再契約する人としない人と、2種類あるっていうことですね。

細山　そうです。

沖野　通知を一緒にする会社もありますし、または別々のほうが本当は良いという話もあります。

林　たしか細山さんのところの通知は、初め契約書の中に、ウチの場合はうたってもらっていましたよね。たとえば、滞納は2ヶ月までとか。

細山　はい。

林　騒音問題とか、ルールを守れなかった場合、たとえば注意を、2回、3回までしても直らない場合は、再契約をしないような文章を、初めから確か滞納した回数も入れていましたよね。

谷　へえー。

林　個人で大家をやっている人は、ちゃんと入れています。滞納何ヶ月以上、それでも直らない方は再契約しません。もちろん

1回や2回は注意するのは誰でもそれは仕方ないことなので、それで、確か回数も入れて、それ以上やった場合は、直らない場合は、と。

谷　警告みたいな感じで。

林　たとえばルールを守れなかった場合は再契約しませんと言っても、結構曖昧じゃないですか。どこまでしたらだめなのかっていうのがないので、そういう大家さんはちゃんと回数まで入れていましたね。

それでも居座られた場合にどうするか

沖野　定期借家にしたもかかわらず、やっぱり居座っちゃったりする人って、いますか。

細山　そうですね、まれにいます。ちょうど今悩んでいる案件があって、それは滞納なんですが、結局6ヶ月とか7ヶ月、滞納していたんですが、要は住んでいないんです。契約はしているんだけど、他に家があって、そこに住んでいる形跡もわれわれのほうで確認をしていて。そこで、退去の勧告を出して、明渡し訴訟に移ったんです。そうしたら、その答弁書の中に、契約をした記憶がないと。で、筆跡も私と違うから契約を無効にしてくれっていう答弁が返ってきて。そうなってくると定期借家も何もなくなっちゃいます。契約自体してない。でも、こっちは契約していると思っていて、ウチは保証をして大家さんに払っているわけです。だから、もう相当な金額を払っているわけですが、そうすると、もう完全にこのまま裁判が進んでいって、その契約をしてないことが確定してしまうと、借り主に契約の意思がないということが確定してしまうわけです。そうすると、結局ウチ、泣き寝入りになっちゃうんですよね。もちろん免許証の写しももらっているし、個人情報の確認は入居時に、この人しかとれないようなものが全部こちらにそろっているんですが、それでも、もし裁判で認められなければ、もう契約も何もないということになっちゃうので、困っています。

沖野　そのケースは、保証会社への加入というのはされていないんですか。

細山　いや、自社で保証会社を持って保証をしています。だから、まあ言ってみればうちのグループの保証会社が保証するので、グループ全体の損失ということになるんです。

沖野　なるほど、そういうことですね。

谷　明渡しに、やっぱりなっちゃうんですね。契約終了で、なくなっちゃうということではなくて。

細山　まず契約終了してその後居座るケースっていうのは、今まで私は、知っているケースでも1件ぐらいしかないです。

谷　そうすると、訴訟的には明渡し訴訟になるんですか。不法占拠ですよね。

細山　一応**不法占拠なので、そこから先の、立ち退き料とかは全く必要ありません。**

谷　そうですよね。

細山　そういうのは全然問題ないですが。

林　だから、きっとその判断も早く決まるんです。

谷　無権利者ですもんね。強いですよね。

沖野　私が聞いた話では、定期借家をやっていて居座ったケースでは、普通借家に比べて非常にスムーズに処理が進むと。

谷　そうですよね、権利がないんですよね。

沖野　はい。まあ明渡し訴訟にはなるんですが、スムーズに。

林　その立ち退き料がないっていうのが、また1つのメリットですね。

終了通知と再契約のノウハウ

沖野　定期借家の手続の中で、細山さんにお伺いしたいのが、まず事前説明書面というのがありますよね。これは、基本的に法律によって貸主が説明するとなっていますが、運用上は当然業者のほうで説明していらっしゃるということで。これは重要事項説明とは別の書面でやってらっしゃいますね。

細山　はい、そうです。

沖野　で、重説（重要事項説明）の前に事前説明をやって、そして重説。それから契約という流れですか。

細山　そうですね。

沖野　その終了通知の管理ですが、通常その会社のシステムで、毎日パソコンの画面でチェックしているわけですか。

細山　はい、そうです。ウチの場合は契約満了日の8ヶ月前に、その書面を月ベースでプリントアウトをして郵送しています。それだけだと、ただ送るだけになってしまうので、**お住まいになっていかがですかと、アンケートを一緒に送っています。入居者さんが見た、その声にならないクレームとか希望をあげてもらって、それを解消することで満足度を上げて、その物件の稼働率を上げる**という方向にしています。そんな形で**終了通知に、ちょっとプラスの面を持たせようということをしています。**

沖野　なるほど。その終了通知というのは、法律的なものなので、後でトラブルになるといけないので、配達証明とかで送ってらっしゃいますか。

細山　今は、ただ普通郵便で送っていますね。

沖野　そうですか。到達していないというリスクは、ないですか。

細山　確かに、到達してないんじゃないかと言われてしまうと、ちょっと難しいところはありますが、今までそういうことは1件もないですね。

沖野　そうですか。その後、再契約したいというお客様に対して、どのような流れでやってらっしゃるのか。つまり、その終了通知の中に、貸主側が再契約する意思がありますという一文は載せられるわけですね。

そうだとすると、もしご希望であればご連絡くださいという形にしているのか。改めてこちらからお尋ねのお手紙とか出されてるんですか。

細山　基本的には、そのアンケートの中に再契約する意思があるのかどうかということも、一緒に書いて送ってもらうような感じですかね。

沖野　返送用封筒に入れて。再契約をするようであれば、もう契約書を送ってしまうんですか。

細山　そうです。契約満了日の3ヶ月前には送るようにしています。

沖野　それから、連帯保証人の保証人承諾書とかはどういうふうにされていますか。

細山　基本的にうちは連帯保証人はとりません。保証会社で全部やっていますので、連帯保証人はないですが、まれにあるケースだと、対面ではないですが、印鑑証明をとって、実印を押していただいて、本人が押したということを証明することにしています。

沖野　なるほど。ほとんどは通常の重説、契約のみという形になりますかね。

細山　そうです。

沖野　再契約で、家賃を上げたり下げたりするということは、ありますか。

それは、どういう場合に家賃を下げたり、また、どういう場合に上げたりするんですか。

細山　まあ、上げるケースはほとんどないですが、下げるケースの場合だと、どうしても今、**どのお客さんもインターネットで自分の住んでいる物件、今空いている物件がいくらで出ているんだろうって、契約更新のときに必ず見る**んですよ。

それで、**自分の物件が高いなって思ったときに、「引越し」っていう文字が多分頭に浮かんでくる**んです。管理会社としては稼働率をずっと維持させていきたいので、解約を抑制するという意味合いでも、大家さんに相談して、**解約されるんだったら下げたほうがいい**んじゃないですかと、先に**先手を打つ意味で下げる**ということはしています。

沖野　再契約しない場合は、終了通知のみということになるわけですよね。そうすると、その後は相手が解約通知を出してくるのを、待つということになるんですか。

細山　そうですね。ただ、ほとんどの方が、「わからない」って書いてきます。まだ8ヶ月前なのでわからないですよね。

谷　いつまでに言わなきゃいけないんですか。

細山　基本的には、うちは1ヶ月前までに解約の通知を出してくださいっていうことにしているので、それまでに考える期間を持たせるという意味で、3ヶ月前に再契約書面だけは送っています。わからないという方にも、2ヶ月間考える時間あるでしょうっていうのも、お話できます。

谷　期日管理は、じゃあ督促も、返事のない人は、ちゃんとこっちから連絡しなきゃいけないいんですね。

細山　それは必ずやっています。

沖野　大半が2年契約ということですが、借主さん側からの途中解約については、やはり1ヶ月前ということでしょうか。

細山　1ヶ月前にしています。

沖野　そこをきちっとやらないと、デメリットを感じられるということですね。

細山　そうなんです。それはもう契約書面の中に、きちんとうたっています。

沖野　はい、わかりました。

あと、いわゆる「再契約保証」というのが、今、定期借家をやっている業者さんの間では、一部で広まっていますよね。それ自体は、借地借家法にはうたわれていませんが。

それをマイソクにうたっちゃっている業者さんもいるんですが、そのことを法律家に聞くと、非常にグレーだっていう話を聞いたんです。

細山　確かにそうかもしれないですね。法律にその言葉がないですからね。

沖野　それについて、細山さんのところでは、どういう形で表示されていますか。

細山　うちはもう、「再契約型の定期借家契約」というふうに言っています。

沖野　やはり、そういうふうにでも言わないと、お客様に対しての説明ができないということですか。

細山　そうなんですよね。マイソクとかお客様の目にするものに、法律の言葉じゃなきゃいけないということもないと思うんですが、再契約を前提とした定期借家契約というのを、縮めてしゃべっているだけの話です。

再契約時の手数料

沖野　再契約されるときに、お客様からいただく、手数料ですが、ある業者の方は「再契約料」という名目で、ある業者は「仲介手数料」、新たな契約だから仲介手数料じゃないかって、いろいろな意見があるんですね。細山さんのところでは、どのような名目にされていますか。

細山　ウチは「再契約事務手数料」という形で頂戴しています。大家さんのほうが、その再契約料っていう、更新料に当たるようなものですよね、大家さんからそれでやってほしいっていうことであれば、その

50％を事務手数料としてわれわれが頂戴して、残りの50％は大家さんにという形でやっているケースもあります。

沖野　再契約料で1ヶ月、お客様からいただくわけですね。それを、更新料と同じように大家さんと半分にしているんですね。

細山　はい、そうです。

ただ、最近は少ないですね。再契約料をとる、その1ヶ月とるっていうケースは。やっぱり事務手数料という形のほうがウチは多いですね。

林　私は、実際にはとっていないので、ストーンズさんのほうは事務手数料で。

細山　事務手数料を頂戴しています。

林　大家としては再契約料、普通借家の更新料みたいなのは、一切いただいていないですね。だから、ウチの入居者さんは、今までみんな普通借家で来られた方ばっかりだから、更新料が1ヶ月かからないって喜んでいる方がいらっしゃいます。

沖野　なるほど。

林　だから、同じ物件を地元で探しているわけですよ。たとえば家賃が10万円だったら同じ10万円の予算内で探しているわけじゃないですか。で、普通借家の物件がありますよね。普通借家のものって、ほとんど今、更新料ってかかっているんで

すね。だから、たとえば同じ業者さんで10万円の家賃を、定期借家であるウチの物件と普通借家の物件を比較した場合、ウチの物件に入ったほうが、2年後もし再契約する場合はお得なわけなんですよ。

谷　半額ですよね。

林　そうです。それをメリットに感じている奥様がいます。話していると、奥様は、それを全部計算していて、それからまた2年後以降も住む予定で入っていらっしゃる方が多い。そうすると、ウチのほうがその分、何万円かはメリットがあるっていうので、皆さんその辺は感じているようですね。

沖野　そうですか。

細山さんは、先ほど言われた再契約事務手数料で、0・5ヶ月っていうことに対して、お客様は、すんなりと払ってくれるんですか。

細山　そうですね、特に入居の際に言う方はほとんど、もう皆無に近いです。

沖野　そうですか。それは一応、重説（重要事項説明）にもうたってあるということですね。

細山　もちろんうたっています。募集の図面にもうたっていますし、契約書にも書いています。

谷　普通なら、更新料は1ヶ月ですから安いと思いますよね。

細山　まあ、そうですね。

林　最近それを統一した金額にしてくるところも出てきていますよね。半月分じゃなくて、たとえば2万円とか3万円とか。

谷　再契約のために……。

林　部屋が20万円の部屋だったとすると、5万円の部屋と比べて結局はずい分違ってきちゃうじゃないですか。

谷　はい、やることは一緒ですからね。

林　今はみんなシビアになって、事務手数料は更新とか再契約の書面をただ交わすだけで、みんな高い物件も安い物件も同じじゃないかっていうことを考えてこられて、そこを統一にしていくらっていう形にした管理会社さんが最近出てきてますよね。

沖野　谷さんのところでは通常の1ヶ月とっていらっしゃいますよね。

谷　はい、更新料は1ヶ月です。一括借り上げのときは更新料がウチの収入になるんですが、賃貸管理のみの場合は、更新料1ヶ月がオーナー様に入って、そこから事務手数料を0・5ヶ月分もらっています。

沖野　まあ一般的なケースですね。

定期借家契約普及のためにできること

沖野　定期借家（定借）の理解というのは　今後もっと普及させなきゃいけないと思っ

ているのですが、その普及のためにできることは、どういうことがあるかなって考えると、林さんなんかはいかがですか。

林　個人的には定借に関するセミナーを年に何回かやらせていただいています。1回のセミナーで50～60人の会場がすぐいっぱいになっちゃうほど、関心を持っている方が非常に多いんです。初めにいつも、この中で定借をやってらっしゃる方いますかって聞くと、だいたい10名いるかいないかぐらい。その10名の中でも、また数名は、地域によって違いますが、仲介業者さんがまったく客付けに協力してくれない。だから、客付けが困難でまた普通借家に戻っちゃうという方もいらっしゃいます。

できる大家さんは、もうそんなところに任せてられないということで、自主管理に切り替えて、客付けに関しても、直接大家さんが掲載できるようなポータルサイトも出てきたりとか、自分でYou Tubeなりホームページなりで、客付けできる大家さんも出てきています。そういう方は全然問題なく、やっていらっしゃいます。ただし、物件が大きなら規模、キャパを持っている、何棟も持っているような方だと、非常にその辺は難しくなってきています。

私は、大家を始めて7年なんですが、細山さんのストーンズさんにお願いして、それで初めて定借というのを自分で取り扱うようになりました。

定借を導入したきっかけは、大家を始めるとき、私の知人の大家さんが、不良入居者の問題を抱えていて、結局は不良入居者を出すために、立ち退き料を払ったり、プラス引越し代まで出していたりしていました。もめるのが嫌だということで、お金を払って出ていってもらっている。実際には優良な入居者さんはそれが嫌で引っ越しちゃうという方も出ちゃっているし、そういった問題を抱えているので、定借というのは今後もっと導入する必要性が出てくるんじゃないかということで導入したんです。

この7年間で、初めは仲介業者さんもなかなか協力してくれなかったので、そこで私は営業というか、顔を出すように努めました。すると徐々に地元の業者さんからどこどこの物件の林さんだっていうのがすぐわかるようになってきました。毎回毎回、定借だ定借だっていうことで行くんです。仲介業者さんも、何年も通っているうちに、紹介だけでもいいからどうにか、その仲介業者さんの管理物件の後に、見るだけでもいいから連れてきてくれって頼んで、連れてきていただいて、だんだん決まるようになりました。

おもしろかったのは、女性の営業の方なんですけど、お客様が内見しているとき、かなり気に入っちゃったんで、もしかしたらこれ、ウチの物件に決まるんじゃないかっていうことで、その営業の方が何かそわそわしだしちゃって。で、ちょっと陰のほうに行って、林さん、もしこのまま決まったら紹介はもちろんしますけど、定借、本当に再契約できるんですよねって、本当に心配なさっていて。

谷　そう、そこが心配なんです。

林　その後は、まあノータッチになったとしても、やっぱりその後のこともあるんで、それが心配だったんでしょうね。だから毎回、ウチは普通の方だったら再契約できるんですっていうのを言ってるんですけど、その時点でもまだ心配されているようでした。

結局気に入っていただいて、細山さんのストーンズさんの契約書で交わしてもらったんです。だから、私みたいな大家は、**毎回やっぱり定借、定借、地元に関しては定借の話を随時していってですね、何か啓蒙していくしかない**かなと。

あと、物件。**やっぱり物件力**ですよね。**いくら定借だからといっても、紹介できないような物件だとダメです**。それプラス物件力をつけてですね。それで、話していけばだんだんと理解してくれて、時間はかかりましたけど、紹介してくれるようになっています。

沖野　なるほど。林さんの定借に関する、執念のような情熱というか、それが客付け業者を動かしたんですね。

細山さんに関しましても、やはりご自身の会社だけではなくて、周りで定借が広まったほうが、ビジネスもやりやすいということはありますか。

細山　そうですね、一応、先駆者っていう話もできますし、そういう意味では、しやすいと思います。定借が広がっていない理由の1つに、普通借家に特に不具合を感じないから、が一番大きいと思います。

じゃあ、普通借家の不具合を感じるときってどんなときなのかっていうことなんですが、かつ、定借だったらそれが解決できる方法。私が思うのは、今ここまで空室率、空室率といわれていて、空き家対策の法律もできてと、空き家が多くなりますという一方、賃貸にも入りたくてもなかなか入れない方も、いっぱいいるわけです。そういうことのマッチングを考えたときに、**普通借家契約だと滞納のリスクとか、そういうところがちらついて契約が進んでいかない。一方で、定期借家契約でしたら、その1年以下の短期の契約というのもできるというのが非常にメリット**なんだと思います。

普通借家契約は1年以内の契約は、無期限の契約と同様になってしまうので、できません。どうしても短期の契約にしてリスクを見て、そこでリスクが回避できたと判断できた状態で次の契約に移っていくというようなやり方というのが、空室対策の1つの解決策だというのが広まれば、もっと定期借家契約が広がっていくんじゃないかなと思いました。

具体的に話をすると、うちはシングルマザーのシェアハウスをやっていますが、やはりシングルマザーの方は離婚すると一気に、家を探し、仕事を探し、保育園を探す方がいらっしゃいます。どうしても、今の家にいられない状態でそれをするわけです。家をまず見つけたいと、シェアハウスに入りたい、ということで来ます。で、じゃあお仕事はって聞くと、まだしてない、これからなんですっていう方、非常に多いんです。そのなかで定期借家を利用して、まずは3ヶ月の契約で、お金が全くない方だとやっぱりウチも不安なので、じゃあ3ヶ月分先に入れてくださいと。**3ヶ月の定期借家契約を結んで、その間にお仕事見つけてくださいと。で、見つけたら、そこからは通常の契約にしましょうというやり方でリスクヘッジができるようにはなっているか**なと思います。

沖野　なるほど。確かに、シェアハウスなんか、もう全部定借ですもんね。

私の知るシェアハウスの経営者は、最初は3ヶ月、それから次は10ヶ月。そういったようにすべて1年未満で契約しています。シェアハウスだと集団生活になじめない人もいるので、そういった形で行動を見てから判断して10ヶ月で再契約するという流れができていますよね。

林　今、増えています。外国人なんか特にそうです。外国人の問題は、やっぱり定期借家が一番重要になってきます。

沖野　そうですね。これから**留学生も増え**

るといわれていますが、やはりその定借で、今言われた短期契約っていうことで対処ができるのではないかと思うんですね。

細山さんは、ご自身で普及のために何かやっていらっしゃることって、ありますか。

細山　普及のために。まあ、管理物件を増やすことぐらいですかね（笑）。

沖野　なるほど。非常にシンプルで、ありがとうございます。

あと、谷さんのほうでは、会社全体で決めることだから、自分が良いって言っても、なかなか簡単に定借導入はできないと思うんですが、何かその辺、考えていらっしゃることはありますかね。

谷　やっぱり、**クレームが増加している問題で、全国の管理会社はみんな悩んでいる**と思うんですよ。それで、今回のお話を聞いて特に思ったのは、**定借のメリットがあるのって、仲介よりも多分管理のほうなんですよ**。なので、管理会社の団体が定期借家のメリットをきちんと理解することが最初かなって。**仲介は、管理がこうするよって言ったら、それに従って客付けするしかなくなります**し、メリットがあるほうが進めていかないと、と思いました。

私は今日、今までいくつかあった疑問点が解決してとても安心できました。細山さんみたいにたくさんやられているところが、みんなが感じているであろう疑問を、Q&A形式などで情報提供してくだされば、管理会社は安心して導入できると思います。

管理側の定期借家契約に関する疑問と導入にあたっての不安

谷　今疑問に思っていることは、たとえば定期借家で、隣の人がうるさくて迷惑だから追い出してくれみたいなことは無いんでしょうか。

あとは、音のクレームとかって、絶対あの部屋の人が音の原因だって、なかなかわからないときってあるじゃないですか。上下階とも相手に対して苦情を言っているようなとき、私たちもそこに住んでないので、本当は上がうるさいのか、下が神経質なのか、それとも斜め上がうるさいのかがわからない。また仮に上の人がうるさいとしても、注意しても相手が認めなかったりすると、再契約不可ですよとは言えないのではないかなと思います。

あと、繰り返し滞納していて、あなたはもう再契約不可だっていう判断をどの程度でされているのか。

あと、再契約のときは重説（重要事項説明）されるっておっしゃっていたじゃないですか。重説って一番下に仲介手数料の欄がありますが、あそこはじゃあ、ゼロになるのかな……。

細山　はい、ゼロです。

谷　その辺とかもたぶん、いつも定借をやっていない側からすると、どうしたらいいのかわからない。あと、重説をやらなきゃいけないいってなると、業務がまた増える……。

沖野　うーん、まあそうですね。

谷　そうですよね。だからその辺とかも不安があるのと。

林　原状回復とかね。

谷　ふだん更新だと書面だけなので、うちは郵送なんです。ただ、再契約を対面でやることによって、いろいろリスク回避もできそうですよね。実は入居者が入れ替わっているのにそのまま更新されちゃうとかがなくなりそう。

あとは、よくいわれている、法人契約ができなくなるという心配もあります。ストーンズさんは大手の法人さんとも契約されていると思うんですけど、実態を知らないわれわれのような業者は、法人契約が取れなくなるんじゃないかって思っていると思います。

あと、業務上では、私たちみたいに一括借上げをやっている立場だと、更新料収入が減ってしまうんだなというのは思いました。

林　それはサブリースだからでしょう。

谷　サブリースだから。

林　サブリースだったら関係ないもんね。

谷　大家さんも、まだもらえている更新料をみすみす手放すのかっていうところで、まだ踏ん切りがつかない人もいると思いま

す。更新料収入が減るデメリットがあったとしても、トラブルがあったときにそれを回避しやすいというメリットのほうが大きいと感じてもらう必要があるのかなと思いました。

林　更新料に当たる再契約料は、取っている大家さん、かなりいらっしゃいますよ。

谷　そうなんですか。

林　私は個人的にはもらっていないだけで、定期借家でやっている方でも、もらっている方は結構いらっしゃいます。

谷　ウチは管理と仲介で別会社なんですけど、更新料は、借上げのときって管理の収入になっているんですよ。ただ、再契約料っていうと恐らく、重説が必要なら仲介側の手数料になるのかなと。なので、会社の内部事情を考えると、利益目標だとか、そういったところも変えていかないと。

なので、そういう業務とは本来関係ないところで、定期借家導入に対するハードルが高かったりするのかもしれないです。

沖野　細山さん、今の谷さんの疑問で、いくつかお答えをお願いします。

細山　そうですね、まず近隣トラブルについてですが、定期借家だからって、住んでいる方たちが、定期借家で住んでいるっていう意識は、ほとんどないです。

谷　ああ、そうなんですね。それは杞憂なんですね。

細山　はい。なので、音の問題にしても、その隣の人がどうのこうのとか、そういう者に関しても、とにかく出してくれっていうようなことは、ないですね。

　滞納に関しては、通常の契約でもだいたい3ヶ月滞納していくと、訴訟の流れになってくるじゃないですか。流れとしては同じです。滞納は回収しながら長期で住んでもらって、通常の支払いに戻っていくのが一番良いことなので。追い出すことを目標にしてやるんではない、ということが、大前提としてありますから。

谷　じゃあ、あまりそれは変わらないんですね。

細山　はい、変わらないです。最終的にもう、この人どうしようもないってなった段階で、大家さんと相談して、ご理解いただければ出すように動くという感じですかね。

　あと、法人契約に関しては、大手の法人さんは、やっぱり無理です。もうそこはウチも割り切って、稼働率優先ですから、普通借家契約で結んでいます。

谷　普通借家にする場合もあるんですね。

細山　はい、あります。

谷　なるほど。そこが臨機応変にできれば、むしろ問題ないですよね。

細山　そうですね、ウチは定借がメインで動いているので、その業務が、普通借家の場合はぽこぽこっと抜ける感じになるので、イレギュラーで入ってくるものに対しては対応ができます。

谷　それは安心なポイントですね。法人契約なくなっちゃうわけではないんですね。

林　今、法人もできるところ増えています。

細山　超大手でなければ、あります。

林　大手の、たとえば三菱系とか三井系とか、いろんな会社あるじゃないですか。ウチも三菱系の法人と、三井もありますし、けっこう準大手の法人さんの契約で、**半分ぐらいが法人契約なんですよ、定借でも。**

細山　法人さんのほうから契約の条件っていうのがダーっと並べられてくるじゃないですか。その中に、定期借家契約はダメってもう頭から書いてあるところに関しては、それはもう譲歩しますっていう形でやっています。事前に、管理契約の際にそういうことは、お伝えしていますけど。

谷　法人さん側もそういう事情をわかっていらして、定借だからここは契約できないって、最初から来ないわけではない。

細山　ないです。もう、たぶんわかっていると思うんですね。

あと、更新料の件。ウチでも、再契約料がまず大家さんに入って、大家さんから事務手数料をウチがもらうというような形をとっている大家さんもいますので、だから、更新料収入が、定借にすることによって減るということも、恐らくないと思います。

あと、再契約料に関しては、基本的に再契約の業務は全部、管理がやっているので、管理の収入に全部なっています。

谷　管理がやっているんですね。重説とかをするのも管理の社員で。

細山　そうです。管理の契約課というところがやっています。

沖野　ちょっと先ほど聞くのを忘れたのですが、敷金の取扱いについて、どういうふうにされているか。つまりその定期借家の場合、2年なら2年でいったん切れるわけですね。まあ、もちろんそれを、再契約の場合は引き継ぐわけですが。

細山　ええ、はい。

沖野　それを、重説なり、契約書に文言として入れてらっしゃるんですかね。

細山　前契約を引き継ぎます的なことですか。

沖野　はい。

細山　特には入れてないですね。その契約書の中に敷金2ヶ月って入っている、2ヶ月なり1ヶ月なり、その前の敷金がそのままの金額で入っているだけですね。特には引き継ぐことは入れてないですね。

沖野　そうですか。それでお客様も理解されるっていうことで、いいですかね。

細山　そうですね、はい。

谷　家賃が下がったら、敷金の一部を返金するんですか。

細山　はい、返金します。

定期借家契約導入を考えている大家さんと不動産業者へのメッセージ

沖野　最後に定借導入を考えている大家さんや不動産業者に対してメッセージをお願いします。

林さんは、定借導入を迷っている大家さんに対してどのように言葉をかけられますか。セミナーでも説得されて、ああ、やってみようかなと思う方もいらっしゃるわけですよね。

林　皆さんそれで帰られるんですが、結局挫折している方がほとんどです。

いつも言っているのは、その地域によって全然違うんです。7年前やったときは地元の不動産屋さんはどこも管理していただけなくて、10駅離れた隣の市の細山さんのところにお願いしました。

特に仲介に関しては、紹介だけですから、やはり面倒くさくなければ、仲介ぐらいはいいかなっていうところが徐々に7年間の間に増えてきたのは確かです。これが、厚木とか小田原に持っている物件、同じ神奈川県でも、そういうところは古い業者さんが多いので、もうはなから、定借のての字も言ったらもう何も手伝ってくれないところがあるんです。ですから、そういうところで持っている大家さんは、本当にやりたいんだけど、無理な場合もあるわけです。そういうのをどうしたらいいかっていうと、**やっぱり業者さんの理解が一番**です。いくら大家さんが言っても、反対に今度は向こうに嫌がられる立場になってしまうので。できない方はできない、これは仕方ないと思うんですね。

沖野　細山さんは、先駆け的な定借を導入した会社として、その他の管理会社の方や客付け会社に対してメッセージをお願いしたいと思いますが。

細山　そうですね。ウチは差別化で使っているんで、他の方たちは使わないでくださいと(笑)、まあ冗談ですけど。やっぱり大家さんに対して、ウチの管理の特徴の1つが定期借家契約なんですっていうことを、胸を張って言えるぐらいにして、それを理解していただいて、それいいね、じゃあお宅に管理をというように、林さんみたいに定期借家っていうところが1つの引き金になって、ウチに管理を任せていただく大家さんっていうのは、非常に多いと思います。

定期借家契約の説明を、管理のときに説明させていただくと、大家さんはもうほとんどの方が、あ、そんなのあるんだと言って、それいいねっておっしゃいます。**管理会社としてはオーナーの利益の最大化というところを1つの目的にしないといけないと思いますから、だとしたら、やっぱり定期借家契約というのをもっと、良いところ**

をきちんとわかって利用する……どうしても皆さん、定期借家の悪いところだけ言うんですよね。**稼働率を上げるという1つの目標、目的に対しては非常に良い面も持っている**と思いますので、徐々に増やしていっていただければと。

沖野　はい、ありがとうございます。

谷さんのところは、今後その導入については、どう考えていて、またこの座談会の感想でも構いませんけど、いかがでしょうか。

谷　今日のお話を聞いて今まで以上に、定期借家はすごく良いなと思ってます。

これから空室がもっと増えるはずなので、どうやったら良い人に長く住んでもらえるのかを考える仕事が重要になるのに、**クレームが多い、滞納が多い、うーんってなっている、その後ろ向きな悩みが定借を入れることで軽減されるということを、もっと管理会社側が知れば。限られた労働力を、お部屋を決めるという仕事にもっと使える**ということを理解すれば良いと思います。

林　ちょっと寂しい意見があってですね。ウチの地元の業者さんにちょっとお話をしたときのことです。別に普通借家で困ってないと。で、でもこういったトラブルが起きたときにっていうお話をしたわけです。滞納問題とか、不良入居者、いろんな手間がかかって大変、業者さんも大変じゃないですか。

谷　大変です。

林　ただ、その業者さんが言ったのは、結局何か問題が起きて最終的に訴訟になってその場に立つのは大家さんなので、私たち業者は最終的には、お手伝いはするけど、そこまで深くは考えなくても済むと、本音みたいなことをおっしゃったんで、それは、それもあるかなとは思いますよ。

谷　管理もやられてないからじゃないですか。仲介だけだったら、そう思うかも。

林　いや、管理も若干持っている、両方やっている不動産屋さんだったんです。

ちょっとがっかりしたことがありました。

沖野　そうですね。今のお話は、一部の業者じゃないかなと思います。

谷　仲介の収入がメインの方だとそう思っちゃうのかもしれない。私たちは管理業で、日々すごく悩みが多いので、今日のお話にはとても魅力を感じました。

沖野　はい、この座談会って今まであまりないんじゃないかっていうぐらい、有益だったと思います。

私が感じたことをいくつかお話しますと、1つは、これから入居者が多様化するものに対して、短期契約の定借の出る幕が非常に多いのではないかということです。それから普及に対して今後も重要な課題があって、1つはその客付け業者の理解なんですが、それ以前に管理会社がまずしっかりと理解をして、自分たちのリスクヘッジができるんだということを、認識すべきだということですね。

それと、次にポータルサイトの運用として、ぜひ定借を広めるために、検索欄で、できれば、いわゆる再契約型とそうでないものとの違いを明確にしていただければということですね。

あと、すべて定借にしなきゃいけないという頭の固い発想ではなくて、大手法人は、普通借家でしかお願いしてもらえないところは、そういうふうにするという、柔軟性を持った対応が、大家側、管理会社側として必要なのかなと思いました。

林 ただ、これだけ定借にメリットがあるし、これだけいろんな問題とか出て、定借の重要性っていうのは、みなさん理解しているんですが、なかなか導入に至らないというのもあるので、私は大手さんが、一気に、導入していただければ普及率がどっと2割、3割といくんじゃないかと思います。

谷 そうですよねえ。

林 なかなか普及率のパーセンテージも上がらないというのもあるので、ぜひ、ハウスメイトさんのほうに今日、これを持ち帰って、いろいろ難しい問題もあるのでしょうが、徐々に定借の比率を上げていってもらいたいなと思います。

谷 定借のメリットをもっと打ち出して、心配を解消すれば導入したくなると思います。収入は減らないよとか、変な人が入らなくなるよとか。すごく重要です。もっと普及して良いと思います。今度、機会を見つけて上層部にも言ってみます。

監修にあたって

弁護士　吉田修平

本書を読んだ最初の印象は、大変衝撃的なものでした。私は平成10年ごろから定期借家の立法運動に携わり、平成11年の議員立法のお手伝いをさせていただいてから、19年あまりが過ぎようとしていますが、その間、定期借家のさらなる普及・促進を図るために、自分なりに微力を尽くしてきたつもりでした。しかし、定期借家は未だに十分に普及しておらず、圧倒的多数の普通借家の前に、定期借家は、ごく少数にとどまっています。

このように定期借家が普及しない理由については、事前説明義務や終了通知、中途解約の強行法規および切り替えの禁止等々、定期借家の制度が複雑であり、わかりにくいことによるのであろうと推測していました。法律家としては、これら事前説明義務などの理論上の問題について、立法による改正を行うとともに、啓蒙活動を十分に行うことにより定期借家についての正しい理解を深めるしかないと思い、この十数年間努力を続けてきました。

しかし、本書において初めて、定期借家が普及しない真の理由を、現に定期借家で賃貸アパートを満室にしている大家さんの生の声を通して知ることができました。また、現場で定期借家の普及に邁進しておられる不動産関係者の生の声を聞くことができました。定期借家が普及しなかったのは、仲介を行う方たちが定期借家に関する理解が必ずしも十分ではなかったことが原因の一つであるとのことでした。「定期借家では家賃を低くしなければならない」「定期借家では客付けができない」等々の誤解です。そして、何よりも衝撃的であったのは、定期借家を用いたいと考える大家さんにとって、越えなければならない大きな壁が、その客付けを行うべき不動産仲介を行う方々だったという点にあります。定期借家に対する理解不足から、「仲介するのに、わざわざ面倒な定期借家にする必要はない。普通借家でも一向に困らない」という態度を示す方もいたという事実です（ただし、最近は十分な理解をしている仲介業者の方も増えてきていることが紹介されており、大変結構だと思っております）。

確かに、仲介をするにあたっては、普通借家でも一向に困らないのですが、いったん、家賃滞納者などの不良借家人が牙をむくと（モンスター借家人）、その悪影響は重大なものになります。たとえば、騒音トラブルを起こす人がいれば、他の優良な借家人は出ていってしまうでしょうし、不良借家人に対して明渡しの訴訟を起こせば、時間と労力だけではなく訴訟費用や立退料などの経済的に大きな負担も大家には課せられてくるのです。

つまり、普通借家において一番困る可能性があるのは大家なのです。

これらのメカニズムを、本書は明確に示しており、しかも現に体験をした大家さんとして、林氏は経験した事実を丁寧に述べておられます。

また、ポイントを沖野氏が理論的に整理しておられます。特に、定期借家においては、建替えを予定したり、転勤から帰ってくる大家さんのために、必ず一定期間経過後に終了が予定されているものと（終了型）、そうではなく、問題のない借家人であれば長く居続けてもらいたいと考えている場合（再契約型）とがあり、再契約型であれば、大家さんは借家人を追い出そうと考えているわけではないし、借家人も、良好な住環境に対しては、普通借家と同等、場合によってはそれ以上の賃料を払っても何ら苦にならないという実態が、現場の生の声として届けられているのです（なお、再契約を予約したと取れるような文言を契約書に記載してしまうと、リスクが生ずることについても、きちんと説明されています）。

本書は、まさに、長く読み続けられる入門書として、定期借家の「基本書」ともなるべき良著であると思います。本書により、定期借家に対する正しい理解が広がり、良好な住環境の保護に資する定期借家が世の中に普及し、入居者の幸せ、大家の幸せ、管理会社の幸せ（業務が楽になる分、他の管理業務に注力できる）につながるだけでなく、ひいては、仲介する業者さんにとっても紹介が容易になり幸せをもたらすという、すべての人にとって好循環をもたらすものとして、定期借家が世間に大きく認知されるようになることを確信しています。

これから不動産業界も厳しい競争と淘汰の時代を迎えることになりますが、仲介に携わる方々も、本書を読んであらためて定期借家についての理解を深めていただくことを、大いに期待しています。

なお、林さん、沖野さん、そして座談会に出られた方々の現場の生の声を読者の皆さんにお届けすることを第一に考え、法律上のチェックは必要最小限に留めたことを最後に申し添えます。

平成30年5月

定期賃貸住宅契約についての説明
（借地借家法第38条第2項関係）

○年○月○日

定期賃貸住宅契約についての説明

貸　主（甲）住所

氏名　○　○　○　○　　印

代理人　　　住所

氏名　○　○　○　○　　印

下記住宅について定期建物賃貸借契約を締結するに当たり、借地借家法第３８条第２項に基づき、次のとおり説明します。

下記住宅の賃貸借契約は、更新がなく、期間の満了により賃貸借は終了しますので、期間の満了の日の翌日を始期とする新たな賃貸借契約（再契約）を締結する場合を除き、期間の満了の日までに、下記住宅を明け渡さなければなりません。

記

<table>
<tr><td rowspan="3">(1) 住　宅</td><td colspan="2">名　称</td><td colspan="2"></td></tr>
<tr><td colspan="2">所在地</td><td colspan="2"></td></tr>
<tr><td colspan="2">住戸番号</td><td colspan="2"></td></tr>
<tr><td rowspan="2">(2) 契約期間</td><td>始期</td><td colspan="2">年　　月　　日から</td><td rowspan="2">年　　月間</td></tr>
<tr><td>終期</td><td colspan="2">年　　月　　日まで</td></tr>
</table>

上記住宅につきまして、借地借家法第３８条第２項に基づく説明を受けました。

○年○月○日

借　主（乙）住所

氏名　○　○　○　○　　印

定期賃貸住宅契約終了についての通知
(借地借家法第38条第4項、定期賃貸住宅標準契約書第2条第3項関係)

○年○月○日

定期賃貸住宅契約終了についての通知

(賃借人) 住所
氏名 ○○○○ 殿

(賃貸人) 住所
氏名 ○○○○ 印

私が賃貸している下記住宅については、平成　年　月　日に期間の満了により賃貸借が終了します。

[なお、本物件については、期間の満了の日の翌日を始期とする新たな賃貸借契約(再契約)を締結する意向があることを申し添えます。]

記

(1) 住　宅

名　称	
所在地	
住戸番号	

(2) 契約期間

始期	年　月　日から	年 月間
終期	年　月　日まで	

(注) 1　再契約の意向がある場合には、[　]書きを記載してください。

定期賃貸住宅標準契約書（改訂版）

（借地借家法第38条第2項関係）

（1）賃貸借の目的物

建物の名称・所在地等	名称				
	所在地				
	建て方	共同建 長屋建 一戸建 その他	構造	木造 非木造（　　　　） 階建	工事完了年 年 （大規模修繕を（　）年実施）
			戸数	戸	

住戸部分	住戸番号	号室	間取り	（　　）LDK・DK・K／ワンルーム／
	面積	㎡（それ以外に、バルコニー＿＿＿＿＿＿㎡）		

設備等	トイレ	専用（水洗・非水洗）・共用（水洗・非水洗）	
	浴室	有・無	
	シャワー	有・無	
	洗面台	有・無	
	洗濯機置場	有・無	
	給湯設備	有・無	
	ｶﾞｽｺﾝﾛ・電気ｺﾝﾛ・IH調理器	有・無	
	冷暖房設備	有・無	
	備え付け照明設備	有・無	
	オートロック	有・無	
	地デジ対応・CATV対応	有・無	
	インターネット対応	有・無	
	メールボックス	有・無	
	宅配ボックス	有・無	
	鍵	有・無	（鍵No.　　　　・　　本）
		有・無	
		有・無	
	使用可能電気容量	（　　　　）アンペア	
	ガス	有（都市ガス・プロパンガス）・無	
	上水道	水道本管より直結・受水槽・井戸水	
	下水道	有（公共下水道・浄化槽）・無	

付属施設	駐車場	含む・含まない	台分（位置番号：　　　　）
	自転車置場	含む・含まない	台分（位置番号：　　　　）
	バイク置場	含む・含まない	台分（位置番号：　　　　）
	物置	含む・含まない	
	専用庭	含む・含まない	
		含む・含まない	

1

(2) 契約期間

始期	年　月　日から	年　月間
終期	年　月　日まで	

(契約終了の通知をすべき期間　年　月　日から　年　月　日まで)

(3) 賃料等

賃料・共益費		支払期限	支払方法	
賃料	円	当月分・翌月分を毎月　日まで	振込、口座振替又は持参	振込先金融機関名： 預金：普通・当座 口座番号： 口座名義人 振込手数料負担者：貸主・借主
共益費	円	当月分・翌月分を毎月　日まで		持参先：
敷金	賃料　か月相当分 円			
附属施設使用料				
その他				

(4) 貸主及び管理業者

貸主 (社名・代表者)	住所 〒 氏名　電話番号
管理業者 (社名・代表者)	住所 〒 氏名　電話番号 賃貸住宅管理業者登録番号　国土交通大臣(　)第　号

＊貸主と建物の所有者が異なる場合は、次の欄も記載すること。

建物の所有者	住所 〒 氏名　電話番号

(5) 借主及び同居人

	借主	同居人
氏名	(氏名) (年齢)　歳	(氏名)　(年齢)　歳 (氏名)　(年齢)　歳 (氏名)　(年齢)　歳 合計　人
緊急時の連絡先	住所 〒 氏名　電話番号　借主との関係	

2

（契約の締結）
第1条　貸主（以下「甲」という。）及び借主（以下「乙」という。）は、頭書(1)に記載する賃貸借の目的物（以下「本物件」という。）について、以下の条項により借地借家法（以下「法」という。）第38条に規定する定期建物賃貸借契約（以下「本契約」という。）を締結した。
（契約期間）
第2条　契約期間は、頭書(2)に記載するとおりとする。
2　本契約は、前項に規定する期間の満了により終了し、更新がない。ただし、甲及び乙は、協議の上、本契約の期間の満了の日の翌日を始期とする新たな賃貸借契約（以下「再契約」という。）をすることができる。
3　甲は、第1項に規定する期間の満了の1年前から6月前までの間（以下「通知期間」という。）に乙に対し、期間の満了により賃貸借が終了する旨を書面によって通知するものとする。
4　甲は、前項に規定する通知をしなければ、賃貸借の終了を乙に主張することができず、乙は、第1項に規定する期間の満了後においても、本物件を引き続き賃借することができる。ただし、甲が通知期間の経過後乙に対し期間の満了により賃貸借が終了する旨の通知をした場合においては、その通知の日から6月を経過した日に賃貸借は終了する。
（使用目的）
第3条　乙は、居住のみを目的として本物件を使用しなければならない。
（賃料）
第4条　乙は、頭書(3)の記載に従い、賃料を甲に支払わなければならない。
2　1か月に満たない期間の賃料は、1か月を30日として日割計算した額とする。
3　甲及び乙は、次の各号の一に該当する場合には、協議の上、賃料を改定することができる。
　一　土地又は建物に対する租税その他の負担の増減により賃料が不相当となった場合
　二　土地又は建物の価格の上昇又は低下その他の経済事情の変動により賃料が不相当となった場合
　三　近傍同種の建物の賃料に比較して賃料が不相当となった場合
（共益費）
第5条　乙は、階段、廊下等の共用部分の維持管理に必要な光熱費、上下水道使用料、清掃費等（以下この条において「維持管理費」という。）に充てるため、共益費を甲に支払うものとする。
2　前項の共益費は、頭書(3)の記載に従い、支払わなければならない。
3　1か月に満たない期間の共益費は、1か月を30日として日割計算した額とする。
4　甲及び乙は、維持管理費の増減により共益費が不相当となったときは、協議の上、共益費を改定することができる。
（敷金）
第6条　乙は、本契約から生じる債務の担保として、頭書(3)に記載する敷金を甲に預け入れるものとする。
2　乙は、本物件を明け渡すまでの間、敷金をもって賃料、共益費その他の債務と相殺をすることができない。
3　甲は、本物件の明渡しがあったときは、遅滞なく、敷金の全額を無利息で乙に返還しなければならない。ただし、甲は、本物件の明渡し時に、賃料の滞納、第14条に規定する原状回復に要する費用の未払いその他の本契約から生じる乙の債務の不履行が存在する場合には、当該債務の額を敷金から差し引くことができる。
4　前項ただし書の場合には、甲は、敷金から差し引く債務の額の内訳を乙に明示しなければならない。
（反社会的勢力の排除）
第7条　甲及び乙は、それぞれ相手方に対し、次の各号の事項を確約する。
　一　自らが、暴力団、暴力団関係企業、総会屋若しくはこれらに準ずる者又はその構成員（以下総称して「反社会的勢力」という。）ではないこと。
　二　自らの役員（業務を執行する社員、取締役、執行役又はこれらに準ずる者をいう）が反社会的勢力ではないこと。
　三　反社会的勢力に自己の名義を利用させ、この契約を締結するものでないこと。
　四　自らまたは第三者を利用して、次の行為をしないこと。
　　ア　相手方に対する脅迫的な言動又は暴力を用いる行為

3

イ　偽計または威力を用いて相手方の業務を妨害し、または信用を毀損する行為

（禁止又は制限される行為）

第８条　乙は、甲の書面による承諾を得ることなく、本物件の全部又は一部につき、賃借権を譲渡し、又は転貸してはならない。

2　乙は、甲の書面による承諾を得ることなく、本物件の増築、改築、移転、改造若しくは模様替又は本物件の敷地内における工作物の設置を行ってはならない。

3　乙は、本物件の使用に当たり、別表第１に掲げる行為を行ってはならない。

4　乙は、本物件の使用に当たり、甲の書面による承諾を得ることなく、別表第２に掲げる行為を行ってはならない。

5　乙は、本物件の使用に当たり、別表第３に掲げる行為を行う場合には、甲に通知しなければならない。

（契約期間中の修繕）

第９条　甲は、乙が本物件を使用するために必要な修繕を行わなければならない。この場合において、乙の故意又は過失により必要となった修繕に要する費用は、乙が負担しなければならない。

2　前項の規定に基づき甲が修繕を行う場合は、甲は、あらかじめ、その旨を乙に通知しなければならない。この場合において、乙は、正当な理由がある場合を除き、当該修繕の実施を拒否することができない。

3　乙は、甲の承諾を得ることなく、別表第４に掲げる修繕を自らの負担において行うことができる。

（契約の解除）

第10条　甲は、乙が次に掲げる義務に違反した場合において、甲が相当の期間を定めて当該義務の履行を催告したにもかかわらず、その期間内に当該義務が履行されないときは、本契約を解除することができる。

一　第４条第１項に規定する賃料支払義務

二　第５条第２項に規定する共益費支払義務

三　前条第１項後段に規定する費用負担義務

2　甲は、乙が次に掲げる義務に違反した場合において、甲が相当の期間を定めて当該義務の履行を催告したにもかかわらず、その期間内に当該義務が履行されずに当該義務違反により本契約を継続することが困難であると認められるに至ったときは、本契約を解除することができる。

一　第３条に規定する本物件の使用目的遵守義務

二　第８条各項に規定する義務（ただし、同条第３項に規定する義務のうち、別表第１第六号から第八号に掲げる行為に係るものを除く）

三　その他本契約書に規定する乙の義務

3　甲又は乙の一方について、次のいずれかに該当した場合には、その相手方は、何らの催告も要せずして、本契約を解除することができる。

一　第７条各号の確約に反する事実が判明した場合

二　契約締結後に自ら又は役員が反社会的勢力に該当した場合

4　甲は、乙が別表第１第六号から第八号に掲げる行為を行った場合は、何らの催告も要せずして、本契約を解除することができる。

（乙からの解約）

第11条　乙は、甲に対して少なくとも１月前に解約の申入れを行うことにより、本契約を解約することができる。

2　前項の規定にかかわらず、乙は、解約申入れの日から１月分の賃料（本契約の解約後の賃料相当額を含む。）を甲に支払うことにより、解約申入れの日から起算して１月を経過する日までの間、随時に本契約を解約することができる。

（契約の消滅）

第12条　本契約は、天災、地変、火災、その他甲乙双方の責めに帰さない事由により、本物件が滅失した場合、当然に消滅する。

（明渡し）

第13条　乙は、本契約が終了する日（甲が第２条第３項に規定する通知をしなかった場合においては、同条第４項ただし書きに規定する通知をした日から６月を経過した日）までに（第10条の規定に基づき本契約が解除された場合にあっては、直ちに）、本物件を明け渡さなければならない。

2　乙は、前項の明渡しをするときには、明渡し日を事前に甲に通知しなければならない。

（明渡し時の原状回復）

第 14 条　乙は、通常の使用に伴い生じた本物件の損耗を除き、本物件を原状回復しなければならない。

2　甲及び乙は、本物件の明渡し時において、契約時に特約を定めた場合は当該特約を含め、別表第 5 の規定に基づき乙が行う原状回復の内容及び方法について協議するものとする。

（立入り）

第 15 条　甲は、本物件の防火、本物件の構造の保全その他の本物件の管理上特に必要があるときは、あらかじめ乙の承諾を得て、本物件内に立ち入ることができる。

2　乙は、正当な理由がある場合を除き、前項の規定に基づく甲の立入りを拒否することはできない。

3　本契約終了後において本物件を賃借しようとする者又は本物件を譲り受けようとする者が下見をするときは、甲及び下見をする者は、あらかじめ乙の承諾を得て、本物件内に立ち入ることができる。

4　甲は、火災による延焼を防止する必要がある場合その他の緊急の必要がある場合においては、あらかじめ乙の承諾を得ることなく、本物件内に立ち入ることができる。この場合において、甲は、乙の不在時に立ち入ったときは、立入り後その旨を乙に通知しなければならない。

（連帯保証人）

第 16 条　連帯保証人は、乙と連帯して、本契約から生じる乙の債務（甲が第 2 条第 3 項に規定する通知をしなかった場合においては、同条第 1 項に規定する期間内のものに限る。）を負担するものとする。

（再契約）

第 17 条　甲は、再契約の意向があるときは、第 2 条第 3 項に規定する通知の書面に、その旨を付記するものとする。

2　再契約をした場合は、第 13 条の既定は適用しない。ただし、本契約における原状回復の債務の履行については、再契約に係る賃貸借が終了する日までに行うこととし、敷金の返還については、明渡しがあったものとして第 6 条第 3 項に規定するところによる。

（協議）

第 18 条　甲及び乙は、本契約書に定めがない事項及び本契約書の条項の解釈について疑義が生じた場合は、民法その他の法令及び慣行に従い、誠意をもって協議し、解決するものとする。

（特約条項）

第 19 条　第 18 条までの規定以外に、本契約の特約については、下記のとおりとする。

甲：　　　　　　　　印 乙：　　　　　　　　印

5

別表第1（第8条第3項関係）

一	銃砲、刀剣類又は爆発性、発火性を有する危険な物品等を製造又は保管すること。
二	大型の金庫その他の重量の大きな物品等を搬入し、又は備え付けること。
三	排水管を腐食させるおそれのある液体を流すこと。
四	大音量でテレビ、ステレオ等の操作、ピアノ等の演奏を行うこと。
五	猛獣、毒蛇等の明らかに近隣に迷惑をかける動物を飼育すること。
六	本物件を、反社会的勢力の事務所その他の活動の拠点に供すること。
七	本物件又は本物件の周辺において、著しく粗野若しくは乱暴な言動を行い、又は威勢を示すことにより、付近の住民又は通行人に不安を覚えさせること。
八	本物件に反社会的勢力を居住させ、又は反復継続して反社会的勢力を出入りさせること。

別表第2（第8条第4項関係）

一	階段、廊下等の共用部分に物品を置くこと。
二	階段、廊下等の共用部分に看板、ポスター等の広告物を掲示すること。
三	鑑賞用の小鳥、魚等であって明らかに近隣に迷惑をかけるおそれのない動物以外の犬、猫等の動物（別表第1第五号に掲げる動物を除く。）を飼育すること。

別表第3（第8条第5項関係）

一	頭書(5)に記載する同居人に新たな同居人を追加（出生を除く。）すること。
二	1か月以上継続して本物件を留守にすること。

別表第4（第9条第3項関係）

畳表の取替え、裏返し	ヒューズの取替え
障子紙の張替え	給水栓の取替え
ふすま紙の張替え	排水栓の取替え
電球、蛍光灯、LED照明の取替え	その他費用が軽微な修繕

別表第5（第14条関係）

【原状回復の条件について】

本物件の原状回復条件は、下記Ⅱの「例外としての特約」による以外は、賃貸住宅の原状回復に関する費用負担の一般原則の考え方によります。すなわち、

- 賃借人の故意・過失、善管注意義務違反、その他通常の使用方法を超えるような使用による損耗等については、賃借人が負担すべき費用となる。
- 建物・設備等の自然的な劣化・損耗等（経年変化）及び賃借人の通常の使用により生ずる損耗等（通常損耗）については、賃貸人が負担すべき費用となる

ものとします。

その具体的内容は、国土交通省の「原状回復をめぐるトラブルとガイドライン（再改訂版）」において定められた別表1及び別表2のとおりですが、その概要は、下記Ⅰのとおりです。

Ⅰ　本物件の原状回復条件

（ただし、民法第90条及び消費者契約法第8条、第9条及び第10条に反しない内容に関して、下記Ⅱの「例外としての特約」の合意がある場合は、その内容によります。）

1　賃貸人・賃借人の修繕分担表

賃貸人の負担となるもの	賃借人の負担となるもの
【床（畳・フローリング・カーペットなど）】	
1. 畳の裏返し、表替え（特に破損してないが、次の入居者確保のために行うもの） 2. フローリングのワックスがけ 3. 家具の設置による床、カーペットのへこみ、設置跡 4. 畳の変色、フローリングの色落ち（日照、建物構造欠陥による雨漏りなどで発生したもの）	1. カーペットに飲み物等をこぼしたことによるシミ、カビ（こぼした後の手入れ不足等の場合） 2. 冷蔵庫下のサビ跡（サビを放置し、床に汚損等の損害を与えた場合） 3. 引越作業等で生じた引っかきキズ 4. フローリングの色落ち（賃借人の不注意で雨が吹き込んだことなどによるもの）
【壁、天井（クロスなど）】	
1. テレビ、冷蔵庫等の後部壁面の黒ずみ（いわゆる電気ヤケ） 2. 壁に貼ったポスターや絵画の跡 3. 壁等の画鋲、ピン等の穴（下地ボードの張替えは不要な程度のもの） 4. エアコン（賃借人所有）設置による壁のビス穴、跡 5. クロスの変色（日照などの自然現象によるもの）	1. 賃借人が日常の清掃を怠ったための台所の油汚れ（使用後の手入れが悪く、ススや油が付着している場合 2. 賃借人が結露を放置したことで拡大したカビ、シミ（賃貸人に通知もせず、かつ、拭き取るなどの手入れを怠り、壁等を腐食させた場合） 3. クーラーから水漏れし、賃借人が放置したため壁が腐食 4. タバコのヤニ、臭い（喫煙等によりクロス等が変色したり、臭いが付着している場合） 5. 壁等のくぎ穴、ネジ穴（重量物をかけるためにあけたもので、下地ボードの張替えが必要な程度のもの） 6. 賃借人が天井に直接つけた照明器具の跡 7. 落書き等の故意による毀損
【建具等、襖、柱等】	
1. 網戸の張替え（特に破損はしてないが、次の入居者確保のために行うもの） 2. 地震で破損したガラス 3. 網入りガラスの亀裂（構造により自然に発生したもの）	1. 飼育ペットによる柱等のキズ、臭い（ペットによる柱、クロス等にキズが付いたり、臭いが付着している場合） 2. 落書き等の故意による毀損
【設備、その他】	
1. 専門業者による全体のハウスクリーニング（賃借人が通常の清掃を実施している場合） 2. エアコンの内部洗浄（喫煙等の臭いなどが付着していない場合） 3. 消毒（台所・トイレ） 4. 浴槽、風呂釜等の取替え（破損等はしていないが、次の入居者確保のために行うもの） 5. 鍵の取替え（破損、鍵紛失のない場合） 6. 設備機器の故障、使用不能（機器の寿命によるもの）	1. ガスコンロ置き場、換気扇等の油汚れ、すす（賃借人が清掃・手入れを怠った結果汚損が生じた場合） 2. 風呂、トイレ、洗面台の水垢、カビ等（賃借人が清掃・手入れを怠った結果汚損が生じた場合） 3. 日常の不適切な手入れもしくは用法違反による設備の毀損 4. 鍵の紛失または破損による取替え 5. 戸建賃貸住宅の庭に生い茂った雑草

7

2　賃借人の負担単位

負担内容		賃借人の負担単位		経過年数等の考慮
床	毀損部分の補修	畳	原則一枚単位 毀損部分が複数枚の場合はその枚数分（裏返しか表替えかは、毀損の程度による）	（畳表） 経過年数は考慮しない。
		カーペット クッションフロア	毀損等が複数箇所の場合は、居室全体	（畳床・カーペット・クッションフロア） 6年で残存価値1円となるような負担割合を算定する。
		フローリング	原則㎡単位 毀損等が複数箇所の場合は、居室全体	（フローリング） 補修は経過年数を考慮しない。 （フローリング全体にわたる毀損等があり、張り替える場合は、当該建物の耐用年数で残存価値1円となるような負担割を算定する。）
壁・天井（クロス）	毀損部分の補修	壁（クロス）	㎡単位が望ましいが、賃借人が毀損した箇所を含む一面分までは張替え費用を賃借人負担としてもやむをえないとする。	（壁〔クロス〕） 6年で残存価値1円となるような負担割合を算定する。
		タバコ等のヤニ、臭い	喫煙等により当該居室全体においてクロス等がヤニで変色したり臭いが付着した場合のみ、居室全体のクリーニングまたは張替費用を賃借人負担とすることが妥当と考えられる。	
建具・柱	毀損部分の補修	襖	1枚単位	（襖紙、障子紙） 経過年数は考慮しない。
		柱	1枚単位	（襖、障子等の建具部分、柱） 経過年数は考慮しない。
設備・その他	設備の補修	設備機器	補修部分、交換相当費用	（設備機器） 耐用年数経過時点で残存価値1円となるような直線（または曲線）を想定し、負担割合を算定する。
	鍵の返却	鍵	補修部分 紛失の場合は、シリンダーの交換も含む。	鍵の紛失の場合は、経過年数は考慮しない。交換費用相当分を借主負担とする。
	通常の清掃※	クリーニング ※通常の清掃や退去時の清掃を怠った場合のみ	部位ごと、または住戸全体	経過年数は考慮しない。借主負担となるのは、通常の清掃を実施していない場合で、部位もしくは、住戸全体の清掃費用相当分を借主負担とする。

設備等の経過年数と賃借人負担割合（耐用年数6年及び8年、定額法の場合）
賃借人負担割合（原状回復義務がある場合）

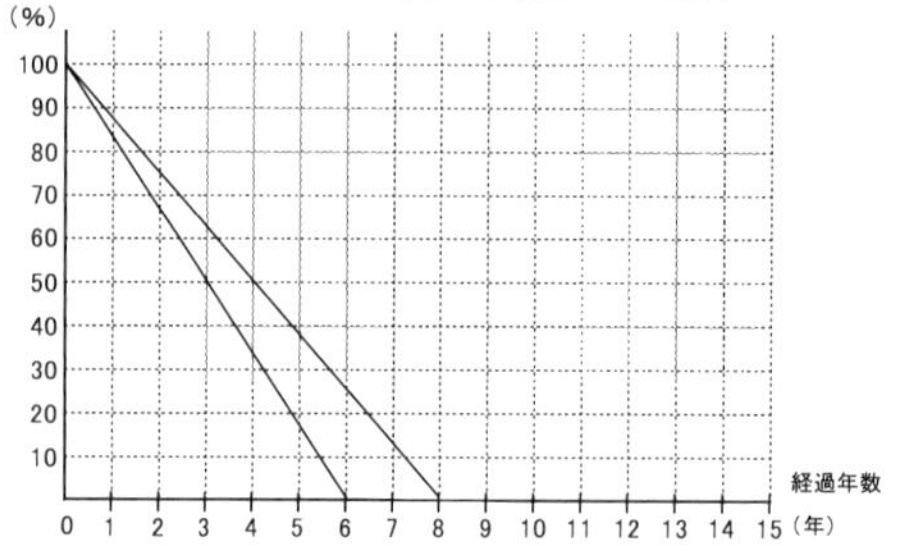

3　原状回復工事施工目安単価

（物件に応じて、空欄に「対象箇所」、「単位」、「単価（円）」を記入して使用してください。）

対象箇所			単位	単価（円）
床				
天井・壁				
建具・柱				
設備・その他	共通			
	玄関・廊下			
	台所・キッチン			
	浴室・洗面所・トイレ			
その他				

※この単価は、あくまでも目安であり、入居時における賃借人・賃貸人双方で負担の概算額を認識するためのものです。

※従って、退去時においては、資材の価格や在庫状況の変動、毀損の程度や原状回復施工方法等を考慮して、賃借人・賃貸人双方で協議した施工単価で原状回復工事を実施することとなります。

Ⅱ　例外としての特約

原状回復に関する費用の一般原則は上記のとおりですが、賃借人は、例外として、下記の費用については、賃借人の負担とすることに合意します（但し、民法第 90 条及び消費者契約法第 8 条、第 9 条及び第 10 条に反しない内容に限ります）。

（括弧内は、本来は賃貸人が負担すべきものである費用を、特別に賃借人が負担することとする理由。）

・

（甲：　印

乙：　印）

記名押印欄

下記貸主（甲）と借主（乙）は、本物件について上記のとおり賃貸借契約を締結したことを証するため、本契約書２通を作成し、記名押印の上、各自その１通を保有する。

平成　　　　年　　　　月　　　　日

貸主（甲）　住所 〒
　　　　　　氏名　　　　　　　　　　　　　　　　　　　　　　　印

借主（乙）　住所 〒
　　　　　　氏名　　　　　　　　　　　　　　　　　　　　　　　印
　　　　　　電話番号
連帯保証人　住所 〒
　　　　　　氏名　　　　　　　　　　　　　　　　　　　　　　　印
　　　　　　電話番号
媒介　　　　免許証番号〔　　　　〕知事・国土交通大臣（　　　）第　　　　号
　業者
代理　　　　事務所所在地

　　　　　　商号（名称）

　　　　　　代表者氏名　　　　　　　　　　　　印

　　　　　　宅地建物取引主任者　登録番号〔　　　　〕知事　第　　　　号

　　　　　　　　　　　　　　　　　　氏名　　　　　　　　　　印

【参考文献リスト】

・吉田修平監修、定期借家推進協議会発行
『すぐに役立つ宅建業者のための定期借家基礎知識』2013年

・定期借家推進協議会発行
『書式解説から入る定期借家契約実務』2011年

・定期借家推進協議会発行
『これで使える定期借家住宅のスマート活用術　改訂版』2015年

●著者紹介

沖野 元（おきの　げん）

広島県出身。日本大学経済学部卒。教育産業、貿易業等に従事した後、大手不動産会社入社。その後、渋谷の不動産会社へ転職。平成21年、株式会社リーシングジャパン設立と同時に代表取締役に就任。賃貸・売買仲介、中古物件再生事業、管理を中心に、客付けに特化したリーシングコンサルタントとしても活動。また、一般財団法人日本不動産コミュニティー（J-REC）の監修する不動産実務検定の人気講師として、これまでに多数の受講生を輩出。平成24年4月より平成29年4月までの5年間にわたり、週刊住宅新聞にコラムを執筆。平成26年7月よりJ-REC 東京第2支部の支部長。平成28年7月より日本大学理工学研究所にて客員研究員。講演・執筆多数。
日本最大級の女性大家の会『ローズ会』主宰（会員約180名）
日本大学大学院理工学研究科不動産科学専攻修士課程修了（工学修士）

林 浩一（はやし　ひろかず）

昭和35年、神奈川県横浜市出身。

高校卒業後アメリカ・ロサンゼルス　Pacific States University 留学～獨協大学中退。

長年、海外旅行業界の仕事に従事し、主に東南アジアの都市や当時まだ馴染みの薄かったタイのサムイ島・フィリピンのセブ島・ボラカイ島などへのツアーを大手ホールセラーと共同で企画。多くのヒット商品を出す。またダイヤモンドホテルのフロント業務なども経験する。

平成23年に建てたアパート Wilshire five seasons は、学生時代にロサンゼルスの大学に留学していたとき住んでいた学生寮をモチーフにしている。そこで暮らす入居者さんには季節（四季）を感じて暮してほしいという思いと、自分達の季節を思い出としてそこにプラスしてほしいという思いの一季で五季・five seasons と名付けた。このアパートは多くの業界紙や新聞などにも紹介され、バス便立地にもかかわらず常に満室を維持する人気物件となる。そこで暮らす素敵な入居者さんたちとの心のふれあいを重視し賃貸経営においてストーリー性を大切にする敏腕大家である。

講演・執筆多数。

賃貸 UP-DATE 実行委員会　代表、J-REC 公認　不動産コンサルタント
一般社団法人日本ホームステージング協会　公認ホームステージャー

この書籍は、週刊住宅新聞社が発刊していた書籍「賃貸の新しい夜明け」の内容に加筆・修正を加えたものです。

大家さんと不動産業者のための
最強の定期借家入門

2015年8月18日　初版発行
2018年6月26日　改題初版発行

監　修　吉田修平
著　者　沖野元
　　　　林浩一
発行人　今井修
印　刷　モリモト印刷株式会社
発行所　プラチナ出版株式会社
〒104-0061　東京都中央区銀座1丁目13-1　ヒューリック銀座一丁目ビル7F
TEL03-3561-0200　FAX03-3562-8821
http://www.platinum-pub.co.jp
郵便振替　00170-6-767711（プラチナ出版株式会社）

落丁・乱丁はお取り替えいたします。
ISBN978-4-909357-11-3